KB097893

서중석의 현대사 이야기 ❸

서중석의
현대사
이야기

서중석 답하다
김덕련 묻고 정리하다

3

조봉암과 이승만,
평화 통일 대 극우 반공 독재

오월의봄

일러두기

본문의 추가 보충 설명 원고는 모두 김덕련이 정리했다.

책머리에

1

우리는 21세기에 들어와 극렬한 '역사 전쟁'을 겪고 있다. 역사 전쟁은 한국과 일본 사이에, 또 한국과 중국 사이에 벌어지는 것으로 알고 있는 사람들이 많겠지만, 오히려 한국 사회 내부에서 더 치열하다.

사실 최근에 와서야 비로소 역사 교육이 정상적인 길로 들어서는가 싶었다. 박정희 한 사람만을 위한 1인 유신 체제의 망령인 국정 역사 교과서가 21세기 들어 사라졌고, 가장 중요한데도 공백이나 다름없었던 근현대사 교육이 이루어지면서 한국사 교육이 조금씩 자리를 잡아가고 있었다. 이런 흐름을 따라 이제 극우 반공 체제나 권력의 손아귀에서 벗어나 역사 교육이 학문과 교육 본연의 자세로 조심스럽게 나아가는 듯싶었다.

우리 현대사에는 조금 잘될 듯하다가 물거품이 된 경우가 종종 있다. 역사 교육도 그렇다. 교육의 현장이 순식간에 전쟁터가 된 것이다.

2008년 이명박 정권이 들어서자마자 수구 세력은 오염된 현대사를 재교육하겠다고 나섰다. 과거 중앙정보부 간부, 수구 언론 논설위원 등이 포함된 강사들이 서울을 비롯해 전국 각지로 보내져 학생과 교육계, '사회 지도층'을 상대로 현대사 재교육에 나섰다. 강사라기보다 유세객遊說客이라는 표현이 맞겠지만, 이들 중 현대사 전공자라고 볼 만한 사람은 없었다. 현대사 전공자가 아니면 역사학자도 잘 모를 수밖에 없는 한국 현대사, 특히 해방 전후사를 수구 세력 이데올로기 대변자들한테 맡긴 것이다. 얼마나 다급했으면 그렇게 했을까 싶지만 해프닝이나 다름없었다.

거기까지는 그나마 양호했다. 그해 8월 15일은 공교롭게도 정부 수립 60주년이 되는 날이었는데, 특히 이날을 벼르고 벼르던 세력들이 광복절을 건국절로 명칭을 변경해 기념해야 한다고 나섰다. 일부는 뭐가 뭔지 모르고 가담했겠지만, 그것은 역사 교육의 목표, 국가 기강이나 민족정기를 한순간 뒤집어엎고 혼란에 빠트릴 수 있는 위험천만한 행동이었다. 친일파를 건국 공로자로 만들 수 있는 건국절 행사장에는 참석하지 않겠다고 독립 운동 단체가 단호히 선언하고, 독립 운동가들이 자신들이 받은 서훈을 반납하겠다고 강경히 주장해서 간신히 광복절 기념식을 치를 수 있었다.

가을이 되자 일선 역사 교사들에게 날벼락이 떨어졌다. 지금 쓰는 교과서를 바꾸라고 난리를 친 것이다. 모든 권력을 총동원해서 압력을 가해왔다. 그 전쟁터 한가운데에 서서 교사들은 어떤 사념에 잠겼을까. 역사 교사로서 올바르게 산다는 것이 무엇이라고 생각했을까. 그렇지 않으면 기구한 우리 현대사를 되돌아보았을까.

그로부터 5년 후 박근혜 정권이 등장하자 또다시 역사 전쟁이 벌어졌다. 이번에는 역사 교과서를 둘러싼 전쟁이었다. 2004~2005년부터 구체적인 본색을 드러내고 조직적으로 활동하며 수구 세력 내에서 역사 문제에 대해 강력한 발언권을 확보해온 뉴라이트 계열이 역사 교과서를 만든 것이다.

뉴라이트 계열 역사 교과서는 어이없이 참패했다. 일본 극우들이 2001년에 만든 후쇼샤 교과서보다 더한 참패였다. 일제 침략, 친일파와 독재를 옹호했다고 그 교과서를 맹렬히 비판하던 쪽도 전혀 상상치 못한 결과였다. 그 교과서가 등장하기 몇 달 전부터 수구 언론이 여러 차례 크게 보도해 분위기를 띄우고, 권력이 여러 방법으로 지원을 하는 등 나름대로 총력전을 폈으며, 수구 세력이 지배하는 학교 재단도 있었기 때문에 어느 정도는 채택될지도 모른다고 크게 우려했는데 결과는 딴판이었다.

2

왜 역사 전쟁에서 이승만을 띄우는가. 박정희의 경제 발전 공로는 진보 세력 일부도 인정하기 때문에 이제 이승만만 살리면 다 된다

고 보기 때문일까. 그렇지 않다. 근현대 역사에서 너무나 중요한 '비
결 아닌 비결'이 거기 내장되어 있기 때문이다.

　우리에게는 '역사의 죄인'이 있다. 우리 역사에서 제일 큰 죄인
은 누구일까. 우선 친일파, 분단 세력, 독재 협력 세력이 쉽게 떠오를
것이다. 이승만을 존경하는 사람들에는 여러 유형이 있다. 친일파, 분
단 세력, 독재 협력 세력이 거기 포함된다. 이들은 이승만을 살리고
나아가 그를 '건국의 아버지' '국부'로 만들어놓을 수만 있으면 '역사
의 죄인'에서 벗어날 수 있다고 믿는 것 같다. 나아가 이승만이 국부
가 되면 권력이나 사회적 지위, 기득권을 계속 움켜쥘 수 있다고 확
신하고 있는 것 같다.

　역사 전쟁은 수구 세력이 일으키는 불장난이라는 생각이 들 때
가 있다. 60~70년 전 역사를 가지고 지금 아무에게도 득이 되지 않
는 소모적인 전쟁을 일으킬 필요가 없기 때문이다. 사실을 왜곡하는
일 없이, 개방 시대에 맞게 그 시대를 폭넓게 이해하도록 가르치면
되는 것이다. 문제는 친일파, 분단 세력, 독재 협력 세력은 그렇게 생
각하지 않는다는 데 있다. 자연인으로서 친일파는 생명이 다했지만,
정치적·사회적 친일파는 여전히 강성하다. 그러니 자꾸 문제를 일
으킨다. 어두운 과거를 떨치고 새 출발을 할 때 보수주의가 자리 잡
을 수 있는데, 비판자들을 마구잡이로 '종북'으로 몰아세우고 대통령

선거에서 NLL로 황당무계한 공격을 하는 데서 알 수 있듯이, 그들은 과거를 떨치지 못하고 독재 권력이 행했던 과거의 수법에 의존하고 있다. 이렇듯 수구 세력이 정치적 생명을 연장하려고 하기 때문에 역사 전쟁이 지겹게도 반복되고 있는 것이다.

　　우리에게는 '역사의 힘'이 있다. 항일 독립 운동과 반독재 민주화 운동이 줄기차게 계속된 것도, 우리 제헌 헌법에 자유·평등의 독립 운동 정신이 담겨 있는 것도 역사의 힘이다. 우리 국민이 친일파, 분단, 독재를 있어선 안 되는 잘못된 것으로 보는 것도 역사의 힘이다. 막강한 힘의 지원을 받은 역사 교과서가 참패한 것도 그렇다. 2014년에 국무총리 후보가 역사의식 때문에 순식간에 추락한 것도 역사의 힘이 아니고서는 설명하기 어렵다. 그런데도 해방-광복 70주년이 되는 2015년에 들어서자마자 역사 교과서를 국정화하겠다는 소리가 들리고, 수구 언론은 과거처럼 '이승만 위인 만들기'에 노력하고 있다.

　　진보 세력은 역사의 죄인 혐의에서 자유로울까. 현대사 진실 찾기, 역사 바로 세우기를 방기한 것은 어떻게 설명할 수 있을까. 1980년대에 운동권은 극우 반공 세력의 역사관을 산산조각 냈다고 생각하기도 했지만, 그것은 자만이었다. 현대사 진실 찾기를 방기할 때, 그것은 또 하나의 이데올로기이자 도그마로 경직될 수 있었다. 진보 세력은 수구 세력이 뉴라이트의 도움을 받아 근현대사 쟁점에 나름대로 논리를 세워놨는데도 더 이상 자신을 채찍질하지 않았다.

1980년대에 그렇게 현대사에 열을 올리던 사람들 가운데 몇이나 해방과 광복, 광복절과 건국절의 차이를 설명할 수 있을까. 그들은 단정 운동에 대해서 어느 정도 지식을 가지고 있을까. 이승만이 대한민국을 건국한 국부가 아니고 제헌 국회에서 표결에 의해 선출된 초대 대통령에 지나지 않는다는 것은 또 얼마나 알고 있을까. 한마디로 이승만 건국론이 잘못된 주장이라는 것을 일반 사람들에게 구체적인 사실을 들어 조리 있게 설명해줄 수 있을까. 현대사의 이런저런 문제를 가지고 생각이 다른 사람들과 논전을 벌일 경우 상대방을 얼마나 설득할 수 있을까.

3

나는 역사 전쟁이 싫다. 특히 요즘은 이제 제발 그만두었으면 싶은 마음이 간절하다. 내가 현대사에 관심을 가진 것이 1960년대 중반부터이니, 반세기라는 긴 세월 동안 극우 세력의 억지 주장이나 견강부회와 맞닥뜨리며 살아온 셈이다. 하지만 어떡하겠나. 숙명이려니

하고 받아들이지 않을 수 없다.

2013년 6월 제자와 지인들 앞에서 퇴임사를 하면서 이런 이야기들을 전했고, 젊은이들이 발분하여 현대사를 공부해줄 것을 거듭 당부했다. 그러고 나서 얼마 후 프레시안 김덕련 기자에게서 현대사 주제들을 여러 차례에 걸쳐 인터뷰하고 싶다는 요청이 왔다. 그다지 부담이 없을 것 같아 응했다. 한국전쟁부터 시작했다.

김덕련 기자는 뉴라이트가 제기한 문제들을 포함해 여러 가지를 예리하게 추궁했다. 당연히 쟁점 중심으로 얘기가 진행됐다. 그런데 곧 출판 제의가 들어왔다. 출판을 한다면 좀 더 체계적으로 인터뷰를 이끌어가야 할 것 같았다. 그래서 이승만 건국 문제, 친일파 문제, 한국전쟁과 이승만 문제, 집단 학살 문제, 5·16쿠데타 평가, 3선 개헌과 유신 체제, 박정희와 경제 발전 문제, 부마항쟁과 10·26과 광주항쟁, 6월항쟁 등 중요 쟁점을 한층 더 깊이 파고들어가기로 했다.

욕심도 생겼다. 이승만에 대해서는 직간접적으로 다룬 여러 저작과 논문이 있지만, 박정희에 대해서는 두세 편의 논문과 일반적인 글이 있을 뿐이었다. 그렇지만 현대사에서 박정희는 18년이라는 커다란 몫을 가지고 있고, 1960~1970년대의 대부분이 포함된 그 18년은 정치적으로나 경제적으로나 대단히 중요한 시기였다. 그 중요한 시기 동안 박정희가 집권했으니, 그 시기를 통사로 한번 써야 하지 않겠느냐는 의무감 비슷한 것이 있었다. 그러던 차에 인터뷰가 책으로 나오게 된다니, 박정희 집권 18년의 전체 상을 박정희 중심으로 살펴보고 싶은 의욕이 생겼다.

해방 직후의 역사도 1980년대에 와서야 연구되었지만, 박정희 시기도 마찬가지였다. 그 당시 한국인의 대다수가 박정희의 창씨 명을 알지 못했고, 심지어 그가 남로당의 프락치였다는 사실조차 모르고 있었다. 적지 않은 사람들이 막 보급되던 TV 화면에 빠지지 않고 등장하는 박정희의 모습을 그의 참모습으로 알고 있었다. 더욱이 1990년대 중반, 특히 IMF사태 이후 박정희 신드롬이 일어나면서 그는 대단한 능력자로 신비화되기도 했다.

나는 박정희가 쿠데타를 일으켰던 그때부터 이미 박정희의 모습을 지켜보았다. 덧칠하지 않은 있는 그대로의 박정희를 볼 수 있었다. 그는 그렇게 특별한 능력이나 지식을 가진 사람이 아니었다. 다만 권력에 대한 집착이 생사를 초월하도록 강했고, 상황을 판단하는 총기가 있었으며, 콤플렉스도 있었고, 색욕이 과했다.

그런데 나는 박정희의 저작, 연설문집, 그에 관한 여러 연구와 글을 들여다보면서 의외로 일제 때의 군인 경험이 그의 일생에 지대한 영향을 미쳤음을 알게 되었다. 유신 체제, 민족적 민주주의-한국적 민주주의, 민족과 주체성 강조 등 '정치 이념'이 해방 이전의 세계관에서 먼 거리에 있지 않았다. 일제 때 군인 정신으로 민족, 주체를 강조하게 되었다는 것이 아주 이상하게 들릴지 모르겠지만, 거기에 박정희의 박정희다운 특성이 있고, 한국 현대사의 일그러진 자화상이 담겨 있다.

김덕련 기자와 인터뷰를 하게 된 것은 행운이다. 그는 대학 시절 국사학과에 재학 중일 때 내 현대사 강의를 들었다고 하는데, 현대사 지식이 풍부하고 문제의식이 날카로웠다. 중요 쟁점도 놓치지 않았고 미묘한 표현도 잘 처리했다. 거기다 금상첨화 격으로 꼼꼼하며 자상하기까지 하다. 김덕련 기자와 나는 이러한 작업에 잘 어울리는 좋은 팀이라고 생각한다. 출판에 대해 자신의 철학을 가지고 있고 공들여 편집하느라 애쓴 오월의봄 박재영 대표에게도 감사드린다.

서중석

차례

조봉암과 이승만, 평화 통일 대 극우 반공 독재

연표

1919년

3월 　조봉암, 3·1운동에 참여했다가 체포돼 옥살이

1921년

조봉암, 일본 유학 후 사회주의자로 변모

1925년

4월 　조봉암, 제1차 조선공산당 결성(17일)에 참여
　　조봉암, 고려공산청년회 중앙집행위원으로 선출됨(18일)

1926년~1931년

조봉암, 코민테른 원동부 및 한국유일독립당상해촉성회 등에서 활동

1932년

4월 　한인애국단원 윤봉길, 상하이 의거
9월 　조봉암, 상하이에서 일본 경찰에 체포됨

1939년

7월 　조봉암 출옥

1945년

1월경 　예비 검속에 걸려 수감된 조봉암, 8·15 해방 후 출감

1946년

5월 　주요 신문들, 조봉암의 편지 '존경하는 박헌영 동무에게' 크게 보도
6월 　조봉암, 공산당 비판 성명 발표하며 공산당 노선과 결별

1948년

조봉암, 5·10선거 당선 후 이승만 정부 입각(초대 농림부 장관)

1950년

조봉암, 한국전쟁 발발 직전 제2대 총선(5·30선거)에서 재선
6월 25일 한국전쟁 발발

1952년

5월 25일   부산 정치 파동 시작
7월 4일   발췌 개헌안 통과
8월 5일   제2대 정부통령 선거(조봉암, 대선 2위 기록하며 이승만의 라이벌로 부상)

1953년

김성주(1952년 조봉암 선거 사무차장), 헌병 총사령부에 연행됨
(그 후 고문으로 사망, 김성주 사건)

1954년

5월 20일   제3대 총선(5·20선거) 실시, 조봉암은 출마 봉쇄당함
11월 29일 사사오입 개헌안, 부결 이틀 만에 국회 통과

1955년

9월 19일   조봉암을 배제한 '0.5 보수 야당' 민주당 탄생
12월   조봉암을 중심으로 진보당 발기 취지문과 강령 초안 발표

1956년

3월 12일   우의마의 소동
5월 3일   신익희 민주당 대통령 후보의 한강 백사장 유세에 20만~30만 인파 집결
5월 5일   민주당 신익희 후보 사망
5월 15일   제3대 정부통령 선거(돌풍 일으킨 조봉암, 2위 기록하며 이승만 위협)
9월 28일   장면 부통령 저격 사건 발생
11월 10일 진보당 창당

1958년

1월 12일   이승만 정권, 진보당 간부들 검거 시작(진보당 사건)
5월 2일   제4대 총선(5·2선거) 실시
7월 5일   진보당 사건 1심 판결에 불만을 품은 괴한들, 법원 난입
12월 24일 이승만 정권, 우격다짐으로 국가보안법·지방자치법 개정안 국회 통과(24파동)

1959년

7월 31일   조봉암 사형 집행

조봉암과 이승만

'3·1운동의 아들' 조봉암,
사회주의자가 되다

조봉암과 이승만, 첫 번째 마당

김 덕 련 조봉암은 1899년에 태어나 1959년 세상을 떠났다. 이 시기에 한국인들은 국권 상실, 식민 지배, 해방, 분단, 전쟁, 독재 등 커다란 역사적 사건을 거듭 겪었다. 조봉암은 그러한 역사의 격류를 헤쳐 가면서 자신의 신념을 실현하고자 분투했다. 조봉암의 생애를 되짚는 작업을 통해 이 시기 한국인들이 걸어온 역정歷程을 찬찬히 다시 살폈으면 한다. 우선 조봉암은 어떤 계기로 사회 활동을 시작하게 되나.

서 중 석 조봉암의 사회 활동은 1919년 3·1운동에서 시작된다고 볼 수 있다. 3·1운동은 조봉암뿐만 아니라 한국인 전체한테 큰 영향을 줬다. 당시 지식인, 학생, 사회 각 분야에서 활약하던 여러 활동가들이 3·1운동에서 커다란 영향을 받았고, 조봉암도 이 점에서 마찬가지였다. 조봉암은 3·1운동으로 체포돼 1년 정도 투옥 생활을 했다. 서대문형무소에서 옥살이를 했는데, 3·1운동 이전에 비해 아주 딴사람이 돼가지고 출소했다.

그 변화에 대해 나중에 조봉암은 "3·1운동을 통해서 나는 나라가 무엇이라는 걸 알게 됐고 내 민족을 위해서 무엇을 할 것인가를 생각하는 사람이 됐다"고 말한다. 이어서 이렇게 이야기한다. "진심으로 말하면 3·1운동이 터지고 내가 잡혀서 감옥으로 갈 때까지는 국가와 민족이 어떻다는 데 대해서는 아무 생각이 없었고 단순히 일본놈이 우리 조선 사람을 천대하고 멸시하는 데 대한 불만과 불평이 있었던 그런 청년일 따름이었는데, 3·1운동은 나로 하여금 한 개의 한국 사람이 되게 하였고 나를 붙잡아서 감옥으로 보내준 일본놈은 나로 하여금 일생을 통해서 일본 제국주의와 싸운 애국 투사가 되게 한 공로자였다."

일제가 3·1운동 참가자들을 처형하는 장면.
3·1운동은 조봉암으로 하여금 "한 개의 한국
사람"이 되게 만들었고, 3·1운동을 계기로 조봉암은
국가와 민족이라는 것을 생각하는 사람이 되었다.
조봉암뿐만 아니라 초기 사회주의자들은 대부분
3·1운동을 통해 민족의식, 사회 의식을 자각했다.

조봉암과 이승만

'죽었다'던 한국인을 살려낸 3·1운동,
조봉암도 "한 개의 한국 사람"으로 재탄생

— 근대에 들어 한국인의 민족의식은 어떤 과정을 거쳐 형성되나.

'우리에게 민족의식이 오래전부터 있었고 적어도 한말 이후엔 민족의식이 왕성해서 1910년대에도 그걸 많이 가지고 있었을 것이다', 이런 생각을 많이들 하지 않나 싶다. 그리고 민족이나 민족의식은 저절로 생기는 현상이라는 식으로 파악하기도 한다. 그러나 근대적 민족이라는 것은 근대적 민족의식 없이는 있을 수가 없다. 한국의 경우 민족이라는 말 자체를 20세기에 들어오면서 사용했다고 볼 수 있다. 일본에서 쓴 말을 그대로 사용한 것인데, 1905년 을사조약이 강제된 후 근대적 민족의식, 애국심, 국가 의식 같은 것을 가진 사람들이 상당수 늘어났다. 그건 사실이지만, 한국인 전체를 놓고 생각하면 그 숫자는 소수였다. 그런 상태에서 1910년 일제한테 나라를 강탈당한 것 아니겠나.

그런 속에서 해외로 망명한 사람들은 민족의식을 1910년 이전보다 더 강렬하게 갖게 됐다. 이 점은 해외 이주민, 그러니까 북간도와 서간도에 살게 된 사람들 또는 노령이라고도 이야기하는 러시아령 연해주나 시베리아에 살고 있던 한국인들도 마찬가지였다고 본다. 아울러 신흥무관학교를 비롯한 여러 학교에서 민족의식을 고취하는 활동을 벌였다. 그러나 이 숫자는 여전히 아주 소수였다. 1919년 이전으로 따지면 그저 몇 십만밖에 되지 않는다. 한국인의 대다수는 한반도에 살고 있었는데, 1910년대에는 아주 억압적인 무단 통치를 받지 않았나. 그러면서 1910년 이전에 어렴풋이 느끼거나 알고 있었던 민족의식, 애국심 같은 것조차 마멸된다고 볼 수 있는 상황이 초래된다.

그런데 제1차 세계대전이 끝나갈 무렵 전 세계적으로 사회주의와 민주주의, 민족주의가 고양되지 않나. 그러면서 피압박 민족들, 당하고 억눌리던 민족들의 경우 민족의식이 급속히 확산된다. 그 점은 한국의 경우에도 아주 뚜렷하게 나타난다. 일본에 간 유학생들, 러시아나 미주에서 활동하거나 중국에 있던 사람들은 말할 것도 없고 국내에 있던 지식인, 학생들이 아주 빠른 속도로 민족의식에 눈뜨게 됐다. 그러나 일반 대중, 한국인의 대다수는 3·1운동 때 "만세! 만세"를 목이 터져라 외치는 만세 시위에서 민족의식 또는 같은 민족이라는 것을 느끼게 된다. '우리는 다 함께 우리 자신의 공동체를 가져야 할 민족이다. 그러한 민족 공동체로 우리의 국가를 가져야 한다', 이런 동일체 의식이 민중 다수한테 강한 형태로 퍼져 나가는 건 3·1운동을 통해서라고 볼 수 있다.

—— 3·1운동 이전 한국 사회는 어떤 상태였나.

3·1운동 이전에는 '한국인은 죽었다', 이런 이야기가 나왔다. 신흥무관학교 교가에도 그렇게 나오는데, 뭐냐면 "한국인은 썩어버렸다. 썩어지고 있다", 이런 식의 표현을 해외 이주민들이 쓰는 것을 볼 수 있다.* 무단 통치 하에서 한국인이 워낙 심한 압제를 받지 않았나. 그러면서 무기력하게 되고 사회 의식 같은 걸 갖기가 어려웠던 상태를 잘 말해주는 표현이라고 볼 수 있다.

우리가 잘 아는 염상섭의 중편 소설 〈만세전〉, 이건 염상섭의 대표작 중 하나인데 원래 제목은 〈묘지〉였다. 처음에 그 제목으로 발표됐다. 일본에서 공부하던 유학생이 현해탄을 건너 한국 땅에 오면서 느낀 여러 가지를 써놓은 건데, '3·1운동 이전 즉 만세 전 한국이란 그야말로 묘지와 같은 나라다', 그걸 표현한 것이다. 그런 상태를 잘 그린 소설이다.

그와 같은 상태에서 3·1운동이 터진 것이다. 만세 운동이 크게 고양되는 속에서 수많은 사람이 '나도 민족의 일원이다', 다시 말해 '내가 한국인이다'라는 걸 느끼게 된 것이다. 당시 상황에서 그건 '내가 인간이다'라고 느끼는 것과 다름이 없었다. 함석헌도 자서전과 비슷한 글에서 조봉암과 거의 똑같이 표현했다. "3·1운동을 통해서 내가 민족이라는 걸 알게 됐다", 이런 이야기를 했다.

우리가 3·1절, 광복절을 굉장히 뜻깊은 날로 여기지 않나. 4대 국경일 중에서도 이 두 개가 유독 우리 가슴에 많이 와 닿는 국경일이라는 이야기를 많이 하는데, 그렇게 생각하게 된 것은 3·1운동이 한국인한테 그만큼 큰 영향을 끼쳤기 때문이다. 그런 3·1운동이 조봉암으로 하여금 "한 개의 한국 사람"이 되게 만들었고, 3·1운동을 계기로 조봉암이 국가와 민족이라는 것을 생각하는 사람이 된 것이다. 그저 '일본놈들은 나쁜 놈들이다' 하는 정도의 불평불만을 넘어 3·1운동을 거치며 민족의식, 사회 의식을 갖게 됐다고 조봉암이 이야기한 것도 그 때문이다. 조봉암뿐만 아니라 초기 사회주의자들은 대부분 3·1운동을 통해 그와 같은 자각을 했다고 볼 수 있다.

● 신흥무관학교는 국권 상실 직후인 1911년 서간도에 설립된 학교로, 수천 명의 독립군을 길러낸 항일 무장 투쟁의 요람이었다. 이회영 6형제와 이상룡, 김동삼 등이 주축이 돼 한인 자치 기관인 경학사를 만든 후 설립한 신흥강습소가 그 출발점이다. "썩어지는 우리 민족"이라는 표현은 신흥무관학교 교가 3절에 나온다. "칼춤 추고 말을 달려 몸을 단련코/ 새론(새로운) 지식 높은 인격 정신을 길러/ 썩어지는 우리 민족 이끌어내어/ 새 나라 세울 이 뉘이뇨."

옥살이와 모진 고문 견뎌내고
일본에서 사회주의와 만난 청년 조봉암

— 3·1운동을 계기로 조봉암은 사회 운동에 본격적으로 뛰어든다. 일본으로 건너가 사회주의자가 되는데, 그 과정에서 아나키즘 단체로 알려진 흑도회에도 몸담는다. 이 시기에 아나키즘 관련 단체를 거쳐 사회주의자로 나아간 이가 조봉암만은 아니지만, 여러모로 눈에 띄는 경로라는 생각이 든다.

조봉암은 서대문형무소에서 나온 직후인 1920년 YMCA 중학부에 들어갔다. 그런데 불과 얼마 지나지 않아 체포됐다. 이때 엄청난 고문을 당했다. 경찰은 조봉암을 '비행기에 태운다'면서 두 팔을 뒤로 묶고 천장으로 끌어올렸다 내렸다 하기도 하고, 혁대나 검도용 죽도로 마구 두들겨 팼다. 그뿐만 아니라 발가벗긴 궁둥이를 담뱃불로 지지기도 하고, 기절하면 냉수를 뒤집어씌우고 그랬다. 왜 이런 일을 당했느냐. 나중에 알게 된 것이지만, 폭탄을 많이 만들어서 YMCA 중심으로 거사를 하려고 했다는 허위 제보가 들어가서 조봉암이 그렇게 당한 것이다. 훗날 조봉암은 이렇게 이야기한다. "수십 차례 유치장살이를 해봤지만 이때보다 더 힘든 일은 없었다."

이처럼 한국에서 두 가지 중요한 경험을 하면서 조봉암은 세계를 보는 눈, 인간을 보는 눈, 민족을 보는 눈이 달라지게 된다. 그 이듬해인 1921년 조봉암은 일본 중앙대학(주오대학) 전문부 정경과에 입학하면서 박열 등과 함께 흑도회를 조직했다고 자료상에 나온다. 대개 아나키스트 단체에는 검을 흑黑 자가 많이 붙지 않았나. 그와 마찬가지로 검을 흑 자가 붙은 흑도회가 이 시기에 아나키스트 단체였다고 알려져 있다.

그러니 이걸 아나키스트 단체로 여기기 쉽지만, 생각해봐야 할 문제가 몇 가지 있다. 우선 관련된 사람들이 과연 아나키즘에 대해 제대로 알고 이 조직에 들어갔느냐, 이 점이 문제다. 당시에는 젊은 이들이 주로 일본 같은 데에서 여러 가지 사상을 받아들이고 있었기 때문에 '그중 어느 하나에 경도됐다', 이렇게 이야기하기가 어려운 면이 있다. 또 그 시기에 아나키즘이라는 것이 체계화된 형태로 들어올 수 있었는가, 이런 이야기도 할 수 있다. 표트르 알렉세예비치 크로포트킨이 한국 아나키스트한테 큰 영향을 끼치는데, 크로포트킨의 주요 사상이 한국인들에게 본격적으로 알려지는 건 1920년대 초반이었던 것으로 기억한다. 이런 몇 가지를 놓고 볼 때, 이 시기 흑도회가 아나키즘 단체라고 일반적으로 이야기하지만 그렇게 보기가 어려운 점이 있다.

— 조봉암은 왜 사회주의자가 됐나.

우선 당시 일본 도쿄대, 교토대의 주요 청년 학생들 중에는 마르크스·레닌주의에 기울어진 사람이 많았다. 최고 선진분자, 지식인은 마르크스주의자가 돼야 한다는 분위기가 있었다. 일본도 그랬고, 아나키즘이 강한 영향을 끼친 중국에도 그런 분위기가 있었다. 그래서 조봉암 같은 고학생을 비롯한 젊은 사람들은 흑도회 같은 데 들어갔다가, '이게 뭐냐. 사상이라고 할 만한 게 뚜렷하지 않지 않느냐', 그런 생각을 갖기 쉬웠다. 그와 달리 사회주의, 마르크스·레닌주의는 아주 뚜렷한 세계관을 제시했고 무엇보다도 이론 체계가 정연할 뿐만 아니라 반제국주의 논리가 분명했다. 조직적으로도 '이렇게 조직해서 싸워야 한다', 이런 걸 명료하게 제시하지 않았나. 그런 면에서도 아나키즘하고 달랐다.

그러면서 '식민지의 참담한 상황을 볼 때 이런 급진적인 사상이 우리 문제를 해결해준다'고 여기는 젊은이들이 국내외에서 급격히 늘었다. 3·1운동 이후 '마르크스·레닌주의야말로 정말 새로운 빛이다. 우리로 하여금 세상에 눈뜨게 만들고 투사로 싸울 수 있게 했다', 이런 것이 폭풍이라고 할까, 굉장히 강렬한 섬광처럼 젊은이들의 가슴을 뚫고 들어오는 것을 볼 수 있다. 그런 속에서 조봉암도 아주 예민한 20대 초반의 고학생으로서 일본에서 이미 공산주의 쪽으로 기울었다고 이야기할 수 있다. 물론 이러한 젊은이들이 마르크스·레닌주의를 정확히 알았느냐 하는 건 별개 문제다.

**일본에서 조선으로,
다시 시베리아 거쳐 모스크바로**

— 일본으로 건너간 지 1년 만인 1922년 조봉암은 조선으로 돌아온다. 귀국 후 구체적으로 어떤 활동을 했나.

조봉암은 일본에서 귀국한 후 공산주의자로서 활동했는데, 이때 어디서 어떻게 활동했는가를 뚜렷하게 보여주는 자료는 나오지 않고 있다. 다만 1922년 시베리아 베르흐노이진스크(베르흐네우딘스크, 오늘날 울란우데)에서 한국 공산주의자 통합 회의가 열렸을 때 조봉암이 정재달과 함께 국내 대표로 참여하는 걸 볼 수 있다. 중요한 위치에 있었던 것이다.

동방노력자공산대학. 조봉암은 이곳에서 공산주의 수업을 받았다.

베르흐노이진스크 통합 회의는 당시 긴급하게 요구되고 있었
다. 한국인들의 사회주의 운동이 시베리아, 연해주 쪽에서 1917년
경부터 파급됐다고들 이야기하는데, 1921년 고려공산당이 조직될
때 상해파와 이르쿠츠크파, 이 두 개로 갈라져서 심각한 갈등을 겪
었기 때문이다. 상해파의 주요 지도자들 중에는 러시아에 이주했다
고 하더라도 아직 러시아 국적을 취득하지 않은 사람이 많았다. 물
론 다 그런 건 아니었다. 그와 달리 이르쿠츠크파에는 러시아 국적
을 가진 사람들이 꽤 있었다. 물론 나중에 여운형 등 한국에서 온
사람들도 이르쿠츠크파로 분류되기는 한다. 그리고 상해파는 '민족
주의적인 성향이 있다', 다시 말해 '덜 볼셰비키적이다', 이런 비판
을 받을 수가 있었다. 그에 비해 이르쿠츠크파는 '공산주의 조직 논
리와 이론에 더 철저한 사람들이었다'는 이야기를 들었지만, 반면

'러시아에 너무 기울어지지 않았느냐'는 이야기를 듣고 그랬다. 이러한 양 파가 워낙 심하게 대립, 갈등하니까 코민테른(국제 공산당)에서 그 갈등을 어떻게든 조정해 양 파가 같이 일할 수 있게 하려 했다. 공산당이 그런 식으로 갈라지면 안 된다고 보고 통합 회의를 열었던 것이다. 물론 이건 성공할 수가 없었다. 바로 깨지고 만다.

그러고 나서 조봉암은 동방노력자勞力者공산대학에 들어갔다. 이제 공산주의 수업을 제대로 받게 됐다고 볼 수 있지만, 그 기간은 그리 길지 않았다. 1년도 채 안 됐다. 거기서 그렇게 충분히 학습한 것 같지는 않다.

— 베르흐노이진스크 통합 회의에 참석하기 위해 떠난 지 1년 만인 1923년 조봉암은 다시 귀국한다. 돌아온 후 조봉암은 어떤 모습을 보였나.

조봉암은 귀국 후 1923년부터 청년 운동을 많이 했다. 당시엔 실제 사회주의자들뿐만 아니라 '내가 사회주의자다'라고 자처하는 사람들이 많았는데, 그런 사람들을 포함해 사회주의자들이 노동 운동, 농민 운동의 현장으로 직접 뛰어드는 경우는 그렇게 많지 않았다. 그것보다는 노농 단체(노동 단체와 농민 단체)의 간부로 활동하거나 청년 단체의 간부를 많이 했다. 서울파로 불린 서울청년회계도 그랬고 화요파로 불린 화요회계도 그랬다. 1920년대 중반 양대 세력

동방노력자공산대학은 동아시아에서 공산주의 운동을 이끌 활동가를 양성하고자 1921년 코민테른이 모스크바에 세운 교육 기관이다. 조봉암을 비롯한 한국인 사회주의자들뿐만 아니라 베트남의 호찌민, 중국의 덩샤오핑 등 동아시아 역사의 흐름을 바꾼 거물들도 이곳에서 교육받았다.

이라고들 하는 이 두 공산주의자 그룹에선 청년 운동을 많이 했다. 박헌영도 그때쯤 되면 감옥소에서 나와 조봉암과 함께 신흥청년동맹에서 활동한다. 박헌영은 화요회에서도 조봉암과 함께 활동한다. 칼 마르크스의 생일이 화요일이어서 단체 이름을 화요회로 했다고 한다.

조봉암은 굉장히 부지런한 사람이어서, 신흥청년동맹에서 활동할 때에도 각지를 돌아다니면서 동지들과 함께 강연회, 연설 같은 것을 많이 했다. '새로운 사회 의식에 눈을 떠라. 청년들의 사명은 이러저러한 것들이다', 주요 내용은 이런 것 아니었겠나.

그런 속에서 공산당을 조직하는 활동이 이뤄진다. 새로운 공산당을 조직해야 한다는 움직임은 그전부터 국내외에서 활발하게 있었지만, 특히 이 시기가 되면 그런 것들이 구체화된다. 특히 1924년 4월이 되면 '양대 총동맹'이라고 할 수 있는 조선청년총동맹, 조선노농총동맹이 조직되는데 두 조직을 기반으로 새로운 공산당을 만들려는 움직임이 화요파와 서울파를 중심으로 활발하게 전개된다. 그러면서 1925년 4월 17일, 화요파가 중심이 돼 아서원이라는 중국집에서 조선공산당을 비밀리에 만들어낸다.

제1차 조선공산당의 중심인물로 활약

— 제1차 조선공산당을 만드는 과정에서 조봉암은 어떤 역할을 했나.

이때 조봉암이 얼마만큼 중요한 역할을 했느냐 하는 것은 간

1927년 9월 13일 자 동아일보. 1925년 제1차 조선공산당 검거 사건을 다루고 있는데, 공산당 조직 체계와 인물 사진들이 눈에 띈다.

접적인 자료로 유추할 수밖에 없다. 조봉암은 제1차 조선공산당이 결성됐을 때 중앙검사위원 직책에 있었지만, 실제로는 책임비서가 되는 김재봉 그리고 김찬과 함께 핵심적인 역할을 한 것으로 보인다. 조선공산당을 만든 다음 날인 1925년 4월 18일, 조선공산당의 자매 단체라고 볼 수도 있고 하부 단체라고도 볼 수 있는 고려공산

조봉암과 이승만

청년회(고려공청)가 박헌영 집에서 만들어진다. 이때 조봉암이 사회를 본 것을 통해서나 7명의 중앙집행위원 중 한 명이 된 것을 통해서 보더라도 역시 박헌영, 김찬과 더불어 중요한 역할을 한 것으로 보인다.

조봉암은 이 두 조직에서 중요한 역할을 했을 뿐만 아니라, 바로 그다음 달인 5월이 되면 고려공청 대표이자 조선공산당 부대표 자격으로 모스크바로 떠났다. 코민테른과 국제공산청년동맹의 승인을 얻기 위해 간 것이다. 여기서도 역시 조봉암이 중요한 역할을 했다. 이때 조선공산당 대표로 조봉암과 함께 간 사람이 조동호다. 자료에 따라 조동우라고도 나오는 사람인데, 나중에 여운형과 함께 활동을 아주 많이 한 인물이다.

코민테른과 국제공산청년동맹 양쪽에서 승인을 받아냈는데, 그와 함께 국제공산청년동맹에 '우리 고려공청의 학생들을 동방노력자공산대학 유학생으로 받아줄 수 없느냐'고 요청했다. 그래서 유학생 21명을 동방노력자공산대학으로 보내는 것을 승인받는다. 그렇게 해서 가게 된 유학생 중에는 권오직(고려공청 제2대 책임비서인 권오설의 동생) 같은 사람도 있었지만, 특히 유명한 여성 활동가들이 많이 포함돼 있었다. 고명자, 김명시, 김조이 등 그 후 쟁쟁하게 활동하는 사람들이 이때 교육받으러 러시아로 떠난다. 김명시는 훗날 중국 연안(옌안)에 가서 활동한 것으로 명성을 얻어 김명시 장군이라고도 불리는 사람이다. 김조이는 조봉암과 부부 관계에 있었던 것으로 돼 있고, 고명자는 나중에 김단야의 애인이 되는 사람이다.

— 제1차 조선공산당은 오래가지 못하고 무너진다. 그 후 조봉암은 어떤 활동을 펼치나.

1925년 11월 유명한 신의주 사건이 터지면서 조선공산당이 와해된다. 이 사건으로 고려공청과 조선공산당의 주요 인물들이 대거 검거되는데, 신의주에서 사회주의 청년들이 술자리에서 친일파들을 공격하고 습격한 것이 이런 큰 사건이 일어난 직접적인 계기가 됐다. 경찰이 '뭔가 수상하다' 해서 청년들 집을 수색했는데, 그때 박헌영이 조봉암 쪽으로 보내는 문서를 발견했다. 그러면서 사건이 확대된 것이다.

그 후 조봉암은 김찬, 김단야와 함께 조선공산당 해외부라는 걸 설치해 거기서 활동한다. 이때 국내에서는 제1차 조선공산당의 후속으로 비밀리에 강달영을 중심으로 제2차 조선공산당이 조직된다. 그리고 1926년 조선공산당에서 만주총국을 설치할 때 조봉암은 책임비서라는 요직을 맡는다.

그와 함께 조선공산당 해외부는 국내에서 1926년 6·10만세운동을 전개하도록 권오설 쪽에 강력하게 전달했다. 조선공산당 해외부는 김단야가 중심이 되고 김찬, 조봉암도 다 연결돼 있었으니 이들이 함께 논의한 것일 텐데, 이걸 '전달'이라고 표현한 것도 있고 '지시'라고 표현한 것도 있다. 해외부는 주로 상해(상하이)에서 활동했기 때문에 사실 상해부라고도 볼 수 있는데, 이 당시엔 해외부가 상당히 강했다. 6·10만세운동 직후인 1926년 7월 조봉암은 조선공산주의자들을 대표해 상해에 있던 코민테른 원동부 위원으로 활동한다.

권오설은 조봉암과 함께 제1차 고려공청 중앙집행위원으로 활동했고, 제1차 조선공산당이 와해된 후에는 제2차 조선공산당 중앙집행위원과 고려공청 책임비서로 활약한 인물이다.

이처럼 1924년에서 1926년에 걸쳐 조봉암은 공산주의 활동가로서 대단히 중요한 활동, 어느 누구보다도 눈에 띄는 활동을 많이 했다고 할 수 있다.

조봉암, 간첩 누명 벗고도
독립 운동 서훈 못 받은 이유

조봉암과 이승만, 두 번째 마당

김 덕 련 제1차 조선공산당이 와해된 후 조봉암은 당 재건 활동에 참여했다. 그런데 국내에서 제4차까지 조선공산당이 만들어지는 동안 조봉암은 만주, 상하이를 비롯한 해외에서 활동했다. 국내에 들어오지 않은 특별한 이유가 있었던 것인가? 제2차 이후 조선공산당 지도부와 불편한 관계였던 점이 작용했다는 지적도 있다.

서 중 석 조봉암이 국내로 들어올 수 없었던 것은 국내에 들어오면 체포될 우려가 많았기 때문이다. 그건 김단야나 김찬도 비슷했다고 본다. 고등경찰을 비롯한 일본 경찰이 이미 조봉암의 활동을 파악하고 있었을 것이고, 조봉암의 얼굴을 모를 리도 없었다. 그렇기 때문에 해외에서 계속 활동할 수밖에 없었지 않았나 싶다. 국내 지하 아지트가 튼튼했다면 들어와서 활동했을 수도 있겠지만, 그 당시에 조봉암처럼 널리 알려진 사람이 국내에 들어오기는 어려웠으리라고 본다.

　　제2차 조선공산당 쪽과 껄끄러운 관계였다는 이야기를 했는데, 그건 조봉암만 그런 게 아니라 김단야, 김찬 이쪽이 다 껄끄러운 관계였다고 볼 수 있다. 조선공산당 해외부의 김단야, 김찬, 조봉암은 아주 거물이었다. 그뿐만 아니라 자기들이 계속 중앙 간부인 것처럼 행동하면서 국내 간부들을 지휘하려 했다. 그렇지만 이들이 주축이었던 제1차 조선공산당은 신의주 사건으로 국내에서 이미 없어졌고, 비밀리에 강달영을 책임비서로 한 제2차 조선공산당이 조직된 상태였다. 제2차 조선공산당 간부들이 자신들 중심으로 당 활동을 하려 한 건 당연하다. 그런데 해외부에서 '이렇게 해라. 저렇게 해라', 이런 식으로 지시라고 할까 지휘하는 것들이 있고, 또 제2차 조선공산당에서 중앙 간부로 임명한 바도 없는데 해외부 사람들이 중앙 간부처럼 활동하니 제2차 조선공산당 주축들이 '당신들은 중앙 간부가 아니니 그렇게 활동하지 마라. 우리가 당 중앙이다. 어떻게 우리한테 지시하는 게 있을 수 있느냐', 이런 주장을 편다.

1926년 6·10만세운동을 조직하는 과정에서 제2차 조선공산당 간부들이 대거 체포됐는데, 제2차 조선공산당은 체포를 면한 김철수 등을 통해 비밀리에 제3차 조선공산당으로 발전하게 된다. 다시 말해 제2차 조선공산당 후기에서 제3차 조선공산당이 조직되는 과정에서 이른바 '김철수당'이 활동하게 된다. 제3차 조선공산당 초대 책임비서 김철수는 원래 상해파여서도 그렇겠지만, 폭넓게 여러 세력을 규합해야만 조선공산당이 곤경에서 벗어나 새롭게 출발할 수 있다고 봤다. 그렇기 때문에 서울파를 많이 받아들였다. 또 제3차 조선공산당을 ML(마르크스·레닌)파라고 이야기하는데 여기엔 일본 유학생들이 상당수 들어 있었다. 김철수가 이쪽도 받아들이고 하면서, 이쪽한테 나중에 제3차 조선공산당이 넘어가는 것을 볼 수 있다. 그러나 제1차 조선공산당을 주도한 화요파는 그전부터 서울파와 심각한 갈등 관계를 갖고 있었고 ML파에 대해서도 못마땅하게 생각했다. 그것 때문에도 '김철수당'이라고 할까, 조선공산당 국내 파 쪽과 사이가 원만할 수 없었다.

민족 유일당 운동과 조봉암

—— 조봉암은 1927년 민족 유일당 운동에 동참한다. 해방 후 조봉암이 보인 모습에 비춰보면, 민족주의자와 함께하는 과정에서

6·10만세운동 시위 장면.

다른 사회주의자에 비해 유연한 태도를 보이지 않았을까 하는 생각이 든다. 실제로 어땠나.

조봉암은 1927년이 되면 새로운 활동을 전개하는데, 조봉암만 그렇게 활동한 건 아니었다. 이 시기에 많은 공산주의자와 민족주의자가 함께 활동하는 모습이 여러 군데에서 나타난다. 국내에서도 공산주의자와 민족주의자가 신간회를 1927년에 조직했고, 만주에서도 정의부, 신민부 같은 단체가 '유일당을 만들어서 독립 운동 전선을 좀 더 강력하게 통일해야 한다'는 활동을 했다. 거기서도 유일당 운동 또는 유일 독립당 운동이 활발하게 전개됐다.

상해를 중심으로 한 중국 관내(산해관 안쪽)의 민족주의자들과 공산주의자들도 유일당 운동 또는 유일 독립당 운동을 전개했다. 사실 6·10만세운동을 벌이려 할 때 이미 국내 조선공산당 쪽에서도 유일 독립당을 만들려는 노력을 하고 있었다. 이건 국내, 만주, 중국 관내를 비롯한 모든 지역에서 같이 일어난 운동이라고 볼 수 있다. 어쨌건 1927년 4월 민족주의자로는 홍진(임시정부 전 국무령)이 대표가 되고 사회주의자로는 홍남표가 대표가 돼서 '전 민족적 독립당 결성 선언문'을 발표하고 한국유일독립당상해촉성회(상해 촉성회)를 만든다.

조봉암이 여기서 중요한 역할을 한 건 틀림없다. 다만 이 당시 조봉암이 폭넓은 좌우 합작 또는 국공 합작 비슷하게 사회주의자와 민족주의자의 협동과 단결을 얼마만큼 중시했는가를 보여주는 문건이 뚜렷하게 나오지는 않는다. 그러나 조봉암이 1925년에 쓴 글 가운데 그런 것이 부분적으로 보이고, 6·10만세운동 당시 김단야를 비롯한 해외부의 활동에서 그런 면이 다분히 보인다. 또 조봉암이 상해 촉성회를 만들 때뿐만 아니라 그 이후에도 계속 그런 활동을 한 점도 생각할 필요가 있다. 예컨대 1929년 10월 조봉암은 구연흠, 홍남표와 함께 사회주의자를 대표해서, 임시정부에서 활동을 많이 한 이동녕, 조완구 같은 민족주의 원로들과 함께 유호한국독립운동자동맹이라는 걸 만들어서 활동을 계속했다. 유호留滬에서 호는 상해를 가리킨다. 지금도 상해에 가면 자동차 뒤에 '호'라고 쓰여 있지 않나. 즉 유호는 '상해에 머물고 있는'이라는 뜻이다.

어쨌건 이처럼 민족주의자와 조봉암을 비롯한 사회주의자가 함께 유일 독립당 운동을 폈지만, 상해 촉성회는 별 활동을 못 하게 된다.

── 어째서 그렇게 된 것인가.

그 무렵 중국의 국공 합작이 깨지고 장개석(장제스)의 국민당 정권과 사회주의자들 사이에 심한 대립, 갈등이 나타난 것이 영향을 끼친 면이 있다. 그런데 그것보다도 상해 쪽은 독립 운동을 위한 물적인 조건이 상당히 열악했다는 점도 작용했다. 무슨 이야기냐 하면, 예컨대 만주만 하더라도 이주민이 상당히 있지 않았나. 정의부, 신민부, 그리고 그보다 나중에 만들어지는 국민부는 모두 그런 이주민들을 기반으로 했다. 그러나 상해는 그러한 이주민 기반이 대단히 약했다. 한국인 거주자가 조금 있기는 했지만 소수였다. 독립 운동을 재정적으로 뒷받침해줄 수 있는 게 너무 약했다.

　　거기다가 여러 독립 운동 세력 또는 민족 해방 운동 세력, 사회주의 세력이 있었기 때문에 그걸 통합해서 일을 해나가는 것도 쉽지 않았다. 통합 세력을 구성해 일을 해나가는 게 상해에서 쉽지 않았다는 건 이 시기에 임시정부가 얼마나 힘들었는지를 봐도 알 수 있다. 이 무렵 임시정부는 재정적 뒷받침을 받지 못했기 때문에도 거의 일을 하지 못하는 상태에 있었다. 그러니 상해 촉성회도 일을 해나가기가 굉장히 어렵지 않았겠느냐고 추측할 수 있다.

　　그럼에도 조봉암은 1929년에 다시 이동녕, 조완구와 함께 유호한국독립운동자동맹을 만들어냈다. 그건 계속해서 이런 활동을 하겠다는 것을 뚜렷이 보여준 것이다. 그리고 비슷한 시기에 동방피압박민족반제동맹이라는 걸 만든다. 여기 들어온 단체들은 대부분 사회주의 계열이었다는 점에서 이 조직을 좌우 연합이나 합작으로 보기는 어렵다. 그러나 이것도 전선체였고, 여러 단체를 규합해 전선체를 형성했다는 점에서 의미가 있다. 물론 여기서도 소련을 강력하게 옹호했고 중국의 혁명, 이건 사회주의 혁명을 주로 가리키는데 그걸 지지하면서 일제를 타도해 조선 독립을 획득한다는 걸 가장 중요한 목표로 내세운 건 틀림없다. 그 후 1931년 9·18사변이 일어나 만주가 전반적으로 일제 손아귀에 넘어갈 뿐만 아니라 중국 전체가 큰 영향을 받는데, 그럴 때에도 1931년 11월 상해한인반제 동맹이라는 전선체를 만들어 활동하는 걸 볼 수 있다. 그런데 1920년대 후반 상해 지방의 공산주의자들은 새로운 사태를 맞이했다.

― 무엇인가.

뭐냐 하면, 일국일당 원칙에 의해 중국공산당에 입당하게 된 것이다. 전부 다는 아니지만 대다수의 유명한 공산주의자들이 중국 공산당에 입당했다. 조봉암도 1927년에 입당해 상해에서 한인 지부를 결성했다. 9·18사변 전인 1931년 1월에 중국공산당 상해지부 서기를 했다고 나온다.

하여튼 중국공산당원으로서 이 당시에 활동했는데, 그건 러시아에 가 있던 사람들이 소련공산당원으로 활동한 것하고 유사한 면이 있다. 만주에서 활동하던 공산주의자들도 조금 있으면 다 중국 공산당에 들어가지 않나. 그런 것과 성격을 같이한다고 볼 수 있다.

7년의 수감 생활과
감옥에서 맞은 40대

― 조봉암은 33세이던 1932년 상해에서 체포된다. 그 후 7년간 옥 살이를 하며 감옥에서 40대를 맞는다. 조봉암은 어떻게 하다가 체포됐나.

조봉암은 1932년 9월에 체포된다. 그때 체포되는 건 조봉암만이 아니다. 조금 있으면 홍남표를 비롯한 주요 공산주의자들 다수가 체포되고, 거의 비슷한 시기에 안창호 등도 체포된다.

이건 무엇 때문이었느냐. 당시 상해 임정을 비롯한 민족주의자들은 일본 관헌들이 들어오지 못하는 상해 프랑스 조계를 중심으로 독립 운동을 했고, 사회주의자들도 그 지역을 중심으로 사회주의 활동을 하고 있었다. 그런데 1932년 4월, 유명한 윤봉길의 거사가 일어났다. 대단한 폭탄의 위력을 보여주지 않았나. 일제가 만주를 점령한 데 이어 중국을 본격적으로 침략하기 위해 시라카와 요시노리를 상해 방면군 사령관으로 임명했는데, 천장절(일본 천황 생일)과 상해 침공 승리를 축하하는 행사장에서 바로 그 시라카와 요시노리를 죽인 것 아닌가. 그러자 일제가 '이제 상해에 있는 한국인 활동가들은 민족주의자건 사회주의자건 가만 놔두지 않겠다', 이렇게 나온 것이다. 그러면서 민족주의자와 사회주의자들이 이 시기에 상당수 체포되고, 그때부터 임시정부도 참 긴긴 세월 동안 여기저기 옮겨 다녀야 했다.

이때 체포된 조봉암은 7년 징역형을 받는데 나중에 1년이 감형되기는 했다. 그래도 1939년 7월에 출옥했으니까 거의 7년을 꼬박 채웠다고 볼 수 있다.

—— 감옥에서 나온 후 조봉암은 해방이 될 때까지 별다른 활동을 하지 않는다. 체포된 때부터 따지면 13년의 공백이 있었던 셈인데, 이는 해방 후 조봉암의 행보에 상당한 영향을 끼쳤을 것으로 보인다. 출옥 후 조봉암은 어떻게 지냈나.

조봉암은 감옥소에서 나온 후 유휴분자로 지냈다. 우리말로는 왕겨연료조합이라고 표현되고 한문으로는 비강조합이라고 하는 곳에서 일했다. 뭐냐 하면 정미소에서 왕겨, 그러니까 쌀 껍데기를 넘겨받아서 연료로 배급하는 작은 회사 같은 곳이었다. 왕겨연료조합은 그런 곳인데, 조봉암은 인천에 있던 비강조합에서 조합장으로 활동했다고 이야기한다.

그런데 이 시기에 사회주의자들 중에서 조봉암만 유휴분자였던 건 아니다. 그 무렵 감옥소에서 나온 사람들, 예컨대 해방 직후 장안파 조선공산당의 거물로 이야기되는 최익한, 정백, 이영 같은 사람들도 향리에서 또는 서울에서 유휴분자로 지냈다. 일제가 워낙 철저하게 감시한 것도 있고 여러 조직과 연결이 끊긴 것도 있고 해서 그렇게 된 것이다. 장안파로 불린 이 사람들은 이것 때문에 나중에 재건파한테 되게 당한다. '너희는 그때 뭐했느냐', 이런 비난을 많이 받는다. 그런데 사실은 재건파 쪽에도 그런 이야기를 듣는 경우가 있었다. 재건파 중에는 일제 말기에 활동한 사람들이 있었고 감옥소에 들어간 사람도 많기는 했지만, 예컨대 조봉암하고 같이 인천에 있었고 재건파에 속하게 되는 이승엽은 유휴분자라는 이야기를 듣고 그랬다. 이 시기에 이승엽이 별다른 활동을 했다는 자료가 안 나온다.•

• 장안파는 해방 당일인 1945년 8월 15일 밤에 모여 그다음 날 조선공산당 재건을 선언했다. 장안빌딩에서 모임이 이뤄져 장안파로 불렸다. 그러나 8월 16일 이후 서울에 나타나 20일 조선공산당 재건준비위원회를 조직한 박헌영을 중심으로 한 재건파에 주도권을 뺏기고, 재건파 중심의 조선공산당에 흡수됐다.

서대문형무소에서 맞이한 해방

— 이 시기에 박헌영은 어땠나. 박헌영은 일제 말에도 경성콤그룹에서 활동하는 등 조봉암과는 다른 모습을 보였다는 이야기가 많다. 이 부분, 어떻게 보나.

그러면 박헌영은 활동을 많이 했느냐. 박헌영의 경우 조봉암보다 1년 늦은 1933년에 체포됐다. 그리고 조봉암이 출옥한 직후 출옥했다. 박헌영은 6년 징역형을 받았다. 조봉암이 박헌영보다 형량이 더 많았다. 박헌영보다 조봉암이 공산주의자로서 더 중죄를 지었다고 일제 관헌들이 판단한 모양이다. 6년을 다 살지는 않았지만, 미결수로 수감돼 있던 날짜까지 다 합하면 박헌영이 갇혀 있던 기간은 6년이 조금 더 된다.

그러고 나서 박헌영이 일제 말 공산주의자들의 최후의 조직적 활동이라고 이야기하는 경성콤그룹 책임자로 맹활약하는 건 사실이다. 그러나 그 기간은 굉장히 짧았다. 경성콤그룹에서 활동한 지 1년 조금 지나서 1941년에 들어가면 일본 경찰이 추적하게 된다. 그 때문에 박헌영은 피신하게 되고, 1942년 말이 되면 광주 벽돌 공장 노동자로 들어가서 은거한다. '박헌영이 지방 동지들과 연계를 구축했고 당 재건 준비 사업을 지속적으로 전개했다'고 일부에서 쓰고는 있지만, 이 시기에 뚜렷한 활동을 했다는 자료는 어디에서도 안 나온다. 몇몇 동지들하고 연락하는 정도의 활동이었다.

이 시기에는 오히려 갓 공산주의자가 된 청년들이 계속 잡혀오면서도 지역에서 활동했다. 그런 자료는 여기저기서 나오지만, 유명한 공산주의자 거물들은 감옥소에 들어가 있거나 그렇지 않으면 활동하기가 굉장히 어려웠다. 조봉암만 활동을 못한 건 아니다. 그렇다 하더라도 어쨌건 조봉암은 이 시기에 아무런 활동도 못하지 않았느냐는 비난을 받을 수 있었다.

— 조봉암은 해방을 어떻게 맞이했나. 이와 관련해, 일제가 패망하기 1년 전인 1944년 8월 여운형을 중심으로 건국동맹이 조직되는데 여기서도 조봉암의 활동은 찾아볼 수 없다. 함께하자는 제안을 여운형 쪽에서 하지 않은 것인지, 아니면 제안이 왔으나 조봉암이 받아들이지 않은 것인지 궁금하다.

조봉암은 1945년 1월경 헌병사령부 예비 검속에 걸렸다. 이때 많이 걸려들었는데, 조봉암의 경우 여러 번 예비 검속에 걸렸다고 자기 글에 썼다. 그래서 그해 8월 15일까지 구금돼 있었다. 일제가 패망하면서 8월 16일 여운형이 출소하는 최익한 등 40여 명의 정치범을 맞으러 서대문형무소에 가는데, 그때 조봉암도 서대문형무소에서 나오게 된다.

일제 말기에 조봉암이 유휴분자가 되고 활동을 못하게 된 데에는 경성콤그룹과 관계가 나빴다는 점도 작용하지 않았나, 난 그렇게 생각한다. 조봉암은 나중에 주로 중국공산당원으로 활동을 많이 했는데, 그러면서 경성콤그룹 쪽에서는 해방 이전부터 조봉암에 대한 비판이 나왔다. 경성콤그룹과 조봉암의 이런 관계는 해방 후 조봉암이 박헌영과 극적으로 갈라서는 데서도 잘 드러난다. 그런 것도 작용했고, 또 거물이었던 조봉암하고 선을 대는 것도 그렇게 간단하지 않은 등의 여러 문제가 있어서 그랬겠지만 다른 공산주의 조직과 연결이 안 된 것으로 보인다. 그런 것 때문에도 이 시기에 경성콤그룹 또는 다른 공산주의 조직과 다 연결이 안 되고 결국 조봉암은 유휴분자로 남게 되지 않았느냐, 그렇게 판단한다.

건국동맹의 경우 비밀 단체로 아주 은밀하게 조직해야 했다. 그래서 여운형 및 그와 가까운 동지들은 자신들이 믿을 수 있는 사람들을 중심으로 전국 조직 및 중앙 조직을 꾸렸다. 그래서 여운형 쪽이 조봉암한테 건국동맹을 함께 만들자고 했다는 이야기는 지금까지 어떤 자료에도 안 나온다. 조봉암은 그 당시에 여운형 쪽과 연결될 수 없었지 않나, 그렇게 보인다.

일제와 유신 체제의 닮은꼴 폭력, 전향 공작
사회주의자들은 전향하지 않고 출감할 수 있었을까?

─ 일제 강점기에 활동한 사회주의자들에 관한 몇몇 자료를 예전에 볼 때 궁금했던 게 있다. 전향 문제다. 일제와 타협하지 않고 싸우던 사회주의자들 중 일부가 1930년대 들어 전향하기 시작한다. 특히 중일전쟁이 발발한 1937년부터 그 수가 많이 늘어난다. 일제가 1936년 12월 사상범 보호 관찰 제도를 도입해 감시와 전향 공작의 강도를 높인 점, 중일전쟁 초기 일본이 승승장구하면서 국제 질서가 근본적으로 변하는 것처럼 보인 시기라는 점 등이 작용했을 것으로 추정된다. 그런데 그런 상황에서 옥살이를 하고 출소한 주요 활동가들에 관한 자료들을 보면 전향 여부에 관해 별다른 언급이 없는 경우가 있다. 일본 군국주의자들의 눈으로 보면 사회주의자는 이른바 '국체'를 명백하게 부정하는 자들인데 그런 사회주의자들이 어떻게 감옥

에서 나올 수 있었던 것인지 궁금하다.

　전향 문제는 굉장히 어려운 문제인데, 장기 감옥소 생활을 한 공산당 핵심 간부들의 전향 관련 자료가 어째서 지금까지 제대로 나오지 않는지 좀 이상하다는 생각을 한다. 그 당시에 유명한 공산주의자들이 감옥소에 들어가서 고생을 많이 했다. 그 사람들 중 상당수가 전향을 했을 것 같은데, 그런 자료가 발견되지 않고 있다. 친일파로 명백히 돌아선 전향자들, 그자들 자료만 몇 개 나왔다.

　당시 전향에는 여러 형태가 있었던 것 같다. 악질 친일파로, 그러니까 사람이 어떻게 저렇게 변할 수 있느냐 싶을 정도로 확 변하는 경우가 있었다. 사회주의자들 가운데에도 그런 식으로 전향한 자들이 있었다. 그런가 하면 적당히 당국과 타협해 형식상의 전향만 하거나, 끝까지 감옥소에서 나오지 않고 전향을 하지 않은 사람도 있었던 것으로 보인다.

　예전에 김남식 선생이 나와 박헌영 얘기를 할 때 "일제 시기에는 전향을 하지 않으면 감옥소를 나올 수가 없었기 때문에 감옥소에서 나온 사람은 전부 다 전향한 것으로 봐야 한다. 어떤 형태로든 간에 전향했기 때문에 나온 것으로 봐야 한다", 그런 이야기를 하더라.[*] 그렇다면 적어도 논리적으로 볼 때는, 감옥소에서 나온 사람은 다 거기에 해당한다. 그리고 신의주 감옥에 있던 사상범들을 조사한 어떤 자료를 보면 '전향을 안 하겠다. 전향에 반대한다'고 분명히 표명한 사람은 한 명도 없는 것으로 나와 있다. 애매한 상태에

---

[*] 김남식은 현대사 연구자이자 통일 운동가로서 북한을 포함한 한국 현대사 연구에 중요한 여러 자료를 발굴하고 관련 저작을 남겼다.

있는 사람이 여러 명 있고 다수는 전향한 것으로 돼 있더라.

지금으로서는 조봉암이나 박헌영 또는 이들처럼 유명한 인물들이 전향했느냐, 이 부분을 밝혀줄 수 있는 객관적인 자료가 없다. 그런데 전향하지 않고 감옥소에서 나올 수 있었느냐 하는 문제는 남아 있다. 조봉암의 전향 여부는 그에 관한 자료가 아직 나오지 않았기 때문에 뭐라고 이야기하기가 힘들다.

— 20세기 한국에서 폭력적 전향 공작을 한 건 일제만이 아니었다. 1970년대 유신 체제에서 박정희 정권도 비전향 장기수들에게 가혹한 폭력을 행사하며 강도 높은 전향 공작을 했다. 견디다 못한 장기수 중 여러 명이 목숨을 잃을 정도였다. 또한 그와 맞물려 1975년에는 사회안전법을 만들어, 사상범 등이 형기를 마치더라도 정상적으로 사회에 복귀하지 못하게 막았다. 한마디로 '전향을 공개 선언하지 않으면 멀쩡히 살아서 나갈 생각을 하지 마라', 이런 태도였다고 볼 수 있다. 일제의 전향 공작이 박정희 정권 때 진행된 것보다 강도가 낮았을 것 같지는 않다는 점에서, 앞에서 말한 일제 때 사회주의자들의 전향 문제는 여전히 의문이 남는다.

그 부분도 모호하다. 유명한 사회주의자들 가운데 감옥소에서 나온 사람들, 예컨대 박헌영이나 조봉암이 대화숙에 갔다는 이야기도 안 나오고 사상범 보호 관찰소에 들어갔다 나왔다는 자료도 안 나온다. 대화숙은 전향자라든가 사상 활동, 독립 운동을 한 사람들이 가는 곳인데, 안재홍 글을 보면 심지어 여운형한테도 거기에 나오라고 했고 자기도 거기에 한 번 나갔다는 식으로 돼 있다. 그런데

조선의 사회주의자들

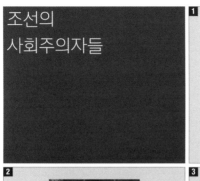

1 강달영   **8** 박헌영과 주세죽
2 권오설   **9** 이강국
3 김단야   **10** 이동휘
4 김재봉   **11** 이승엽
5 김조이   **12** 이재유
6 김찬   **13** 조동호
7 김철수   **14** 허정숙

감옥소에서 나온 사회주의자들의 경우 몇 사람을 제외하고는 그에 관한 자료가 안 나온다.

1970년대 박정희 정권의 전향 운용이 일제 말의 그것을 많이 본떴다는 이야기들을 하는데, 그렇다면 이 사람들도 사상범 보호 관찰소에 들어갔어야 하는 것 아니냐고 볼 수 있다. 그런데 그건 자료에 안 나온다. 사상범 보호 관찰소라든가 대화숙 운영에 대해서는 여러 논문이 나와 있긴 한데, 이런 사람들과 관련해 더 연구할 필요가 있다.

간첩 혐의 벗고도
독립 운동 서훈을 받지 못한 이유

── 다른 문제를 짚었으면 한다. 훗날 조봉암은 이승만 정권에 의해 간첩으로 몰려 1959년 목숨을 잃는다. 그로부터 52년 후인 2011년 대법원은 조봉암의 간첩 혐의가 조작됐음을 재심에서 인정하고 무죄를 선고했다. 그 무렵 조봉암 서훈 문제도 관심을 모았다. 그런데 조봉암에 대한 서훈이 이뤄졌다는 이야기는 못 들었다. 어떻게 된 일인가.

서훈 이야기가 나왔던 건 조봉암이 독립 운동을 워낙 많이 했기 때문이다. 예컨대 3·1운동에서도 1년 정도 감옥소에서 생활했으면 그건 건국포장에 해당한다고 볼 수 있다. 그리고 그 직후 YMCA 관련 사건으로 또 감옥에 들어가고 모진 고문을 당하지 않았나. 허위 제보로 들어갔던 것이긴 하지만, 어쨌건 독립 운동과 관련 있다고 볼 수 있다. 권오설 등 6·10만세운동으로 감옥소에 들어갔거나 그 운동에 깊이 관련된 사회주의자들을 보면, 아주 중요한 운동이었기 때문에 그런 사람들에 대해 상당한 서훈을 했다.

돌아보면, 1987년 6월항쟁 이후에 와서야 김규식(1989년 건국훈장 대한민국장)을 비롯해 납북당한 사람들에 대한 서훈이 가능하게 됐다. 사회주의자로서 독립 운동을 한 사람들 중에서 서훈된 사람은 김대중 정권 전에는 극소수였다. 대표적인 게 고려공산당 상해파 지도자인 이동휘 같은 사람인데, 이동휘도 1990년대에 서훈됐다(1995년 건국훈장 대통령장). 김대중 정부 때 사회주의자 중 소수가 서훈됐다. 사회주의자로서 독립 운동을 한 사람들이 서훈을 많이 받게 된 건 노무현 정권 때다. 일제 말에 친일 활동을 했거나 해방 후 남로당의 간부로 활동한 사람을 제외한 상당수가 그때 서훈됐다. 조동호도 그중 한 명이고, 박헌영의 부인이자 김단야와도 같이 산 적이 있는 주세죽도 그렇고, 권오설도 그렇고, 1930년대 말 소련 비밀경찰 손에 죽은 김단야도 그때 서훈됐다. 김재봉, 김철수도 이때 서훈됐다. 이 중 권오설은 건국훈장 독립장을 받았다. 이 양반은 상해 해외부 지시를 받아 6·10만세운동에서 공산주의자로서 가장 적극적으로 활동했다. 그 때문에 감옥소에 들어가 무지하게 고문을 당했고, 그 여독餘毒 같은 게 작용해 몇 년 후 세상을 떠났다. 권오설은 6·10만세운동을 대표하는 사람 중 한 명이기 때문에 독립장을 줬을 것이다.

이처럼 사회주의자들도 많이 서훈을 받으면서 조봉암 서훈 이

• 사회주의자들과 더불어 뒤늦게 독립 운동 서훈을 받은 대표적인 인물이 노무현 정권 때인 2005년에 서훈된 여운형이다.

야기가 나온 것이다. 진보당 사건과 관련해 국가보안법 부분만 풀리면 조봉암도 높은 서훈을 받을 수 있다는 이야기였다. 왜냐하면 6·10만세운동뿐만 아니라 1927년 유일당 운동을 조봉암처럼 적극적으로 한 사람이 드물고, 전선체 활동도 많이 했기 때문이다. 그리고 감옥소에 7년이나 갇혀 있었고 나중에 예비 검속을 당한 것도 포함되는데, 그런 걸 다 합치면 조봉암은 서훈 등급이 높아질 수밖에 없다. 그렇기 때문에 많은 사람이 '조봉암은 활동을 많이 한 분이기 때문에 독립 운동 서훈을 받아야 한다', 이런 이야기를 하고 글로도 쓰고 그랬다. 그래서 2011년 대법원에서 무죄 판결을 내렸을 때, 이제는 조봉암이 서훈될 것이라고 여러 사람이 생각했다. 하지만 서훈이 안 되더라.

— 독립 운동가 서훈 문제는 굴곡진 한국 현대사의 모습을 보여주는 지표 중 하나라는 생각이 든다. 사회주의 독립 운동가들에 대한 매우 뒤늦은 서훈도 그렇고, 임시정부 부주석이자 해방 후 우익의 주요 지도자 중 한 명이던 김규식조차 6월항쟁 이전에는 서훈을 받을 수 없었던 데서도 이는 잘 드러난다. 그런데 조봉암에 대한 서훈은 왜 이뤄지지 않은 것인가.

일제 말기는 일본이 이른바 '성전聖戰'에 성금을 내라는 요구를 많이 할 때다. 내가 어떤 곳에서 이야기를 들으니까, 그때 왕겨연료 조합장으로 있던 조봉암도 150원을 냈다고 하더라. 그렇게 성금을 낸 건 친일 행동 아닌가. 아무리 독립 운동을 많이 했어도 일제 말에 친일 행동을 한 것으로 볼 수 있을 때는 서훈이 이뤄질 수 없다. 그 점은 확실하다.

당시 150원이면 그렇게 적은 돈만은 아니다. 물론 큰돈은 전혀 아니다. 5,000원, 1만 원 또는 몇 만 원 정도 내야 큰돈이라고 볼 수 있을 텐데, 그렇지는 않았다. 하지만 돈을 냈다는 기록이 있는 건 사실이다.

아마 조봉암은 이 문제도 정치적으로 판단했을 것으로 보인다. 이 양반은 정치적인 판단을 많이 한 분이다. 예컨대 상해에 있을 때 폭넓게 활동한 것도 그런 정치적 판단 때문이었다. 그러니까 다른 사회주의자들에게 '저놈은 이상한 놈이다', 이런 비난을 받을 수 있었다. 민족주의자도 많이 만나고, 다른 사회주의자들이 볼 때는 안 만나도 될 사람도 만났다. 그건 여운형도 마찬가지였다. 외국인들도 많이 만나고 그랬는데, 이런저런 것들 때문에 여운형이나 조봉암 같은 대중적 정치가들은 참 비난을 많이 받았던 것 같다. 성금 문제에 대해서도 조봉암은 '이거 뭐 별거냐. 나에 대한 일제의 감시를 조금 늦추는 역할을 한다면 괜찮지 않겠나', 이런 판단을 하지 않았을까 싶은데, 그게 결국 이분한테 독립 운동에 대한 큰 서훈을 드릴 수 없게 만들었다. 그래서 아쉬웠다.˙

조봉암이 일제에 헌금 150원을 냈다는 기사는 1941년 12월 23일 자 매일신보에 실렸다. 이 기사의 신빙성에 대해서는 현재 판단이 엇갈리고 있다. 유족 및 '죽산 조봉암 선생 기념 사업회' 등에서는 당시 조봉암에게 그 정도의 여윳돈은 없었으며, 매일신보가 조선총독부 기관지였던 만큼 기사가 조작됐거나 누군가 조봉암 이름으로 대납했을 것이라고 보고 있다.

조봉암은 해방 후
왜 공산당을 비판하고
박헌영과 갈라섰나

조봉암과 이승만, 세 번째 마당

김 덕 련 일제 강점기에 쟁쟁한 사회주의자로 활약했던 조봉암은 해방 후 극적인 방향 전환을 한다. 그러한 전환을 계기로 조봉암은 공산주의와는 거리가 먼 길을 걸어간다. 어떤 과정을 거쳐 그 방향으로 나아간 것인가.

서 중 석 해방 3년기이기도 한 미군정기에 조봉암은 많이 알려진 인물이었다. 여론 조사 중에는 조봉암을 주요 지도자로 꼽은 것도 있다. 일제 때 조봉암은 감옥소에 가기 전 대단히 활동을 많이 한 사람 아닌가. 그런데 해방 직후 조봉암은 건준 인천 지부를 조직할 때 지원했고, 1946년 2월 민주주의민족전선(민전)이 만들어질 때 인천 민전 의장을 맡는 게 고작이다. 인천 민전 의장, 이건 사실 한직인데 그런 직책에 있었다. '거물 조봉암을 연상할 때 이건 너무 안 맞는 것 아니냐', 해방 직후에 그렇게 본 사람들이 적지 않았다.

그런 점보다도 사람들을 더 놀라게 한 건 1946년 5월 7일 자 주요 일간지들에 실린 조봉암의 글이다. 우파에서 발행하는 신문들은 도배질을 하다시피 했다. '박헌영 동무에게 보내는 사신私信'으로도 알려져 있지만 실제 제목은 '존경하는 박헌영 동무에게'다. 꽤 긴 글인데 신문 한 면의 대부분을 차지했다. 이 글이 대대적으로 보도되면서 조봉암 얘기가 다시 화제가 된다.

'존경하는 박헌영 동무에게', 이 사신이 우파 신문들에 대대적으로 보도된 사건은 우선 시점이 아주 중요하다. 1946년 5월 6일경 미소공동위원회가 사실상 '더 이상 해봤자 소용없다'는 상태에 들어간다. '그러니까 일단 휴회한다', 이 상태가 된 것이다. 휴회를 5월 6일에 결정했는지 8일에 결정했는지는 자료에 안 나오는데, 어쨌건 5월 6일부터 미소공위는 휴회 상태에 들어간다. 그 직후에 '존

1946년 5월 7일, 5월 30일 자 동아일보.
조봉암의 "존경하는 박헌영 동무에게"와
정판사 위폐 사건을 보도했다.

조봉암과 이승만

경하는 박헌영 동무에게', 이게 나온 것이다.

이때 이것만 나온 게 아니었다. 조선공산당이 관계했다는 유명한 정판사 위폐 사건이 거의 같은 시기에 또 우파 신문들에 대대적으로 보도된다. 이건 하루 이틀 정도가 아니라 몇 달 동안 헤드라인을 장식했다고 할 수 있을 정도였다. 5월 9일에는 여운형의 친동생 여운홍이 조선인민당의 문제점을 비난하면서 탈당한 사건이 크게 보도된다. 여운홍은 중앙방송을 통해 탈당 성명서를 9일 발표한다. 형식은 조선인민당 탈당 성명서로 돼 있지만 실질적으로는 조선공산당을 비판했다고 볼 수 있다.

세 가지 중요한 사건, 그중에서도 제일 중요한 건 정판사 위폐 사건이지만, 이 세 사건에서 공통된 것은 미군정의 조선공산당 죽이기의 일환으로 나온 것이라는 점이다. 다시 말해 조봉암의 '존경하는 박헌영 동무에게'라는 사신도 미군 방첩대CIC 공작으로 발표된 것이라고 볼 수 있다. 조봉암이 이걸 작성한 건 그 이전인데, 발표된 날짜는 딱 미소공위가 휴회에 들어간 직후다. 그런 의미에서 미군정의 공산당 죽이기 일환으로 이게 발표됐다는 게 중요하다.

정판사 위폐 사건은 1946년 5월 8일 무장 경관대가 조선공산당 본부와 조선정판사가 있는 적산敵産 건물인 근택빌딩을 포위하고 조선정판사 인쇄 직공 등을 검거하면서 시작됐다. 곧이어 미군정은 '조선공산당이 위조지폐를 만들어 유통시켰다'고 발표했다. 조선공산당은 '날조된 사건'이며 자신들과는 관계없는 일이라고 반박했다. 그러나 발표 후 미군정은 이 사건을 명분 삼아 조선공산당을 강도 높게 탄압했다. 현재까지 공개된 자료로는 이 사건의 진위를 가려내기 어렵다는 평가가 학계에서 나오고 있다.

'존경하는 박헌영 동무에게'에서
조선공산당을 조목조목 비판

— '존경하는 박헌영 동무에게'에서 조봉암은 조선공산당의 어떤
부분을 비판했나.

조봉암이 조선공산당을 비판한 것이 옳은가 그른가, 이 문제가
논란이 될 텐데 비판의 핵심은 이렇다. 첫째, 조봉암은 인민위원회
가 조직과 운영에서 문제가 많다고 지적했다. '현재 인민위원회는
비공산 요소가 거의 없어 공산주의자의 정치 구락부에 지나지 않게
되었다', 이렇게 비판했다. 인민위원회가 말만 인민위원회지 실제는
공산주의자들이 움직이는 공산주의 단체와 다름없게 됐다고 비난
한 것이다. 이건 인민위원회의 원래 출범 의도와는 다른 것이라고
조봉암은 지적했다.

두 번째 지적도 이와 비슷하다. 조봉암은 민전에 공산당원이
과도하게 침투해서, 공산당원이 아니면서 좌익을 지지하는 많은 비
당非黨 군중의 능동적 활동을 스스로 제약하고 있다고 지적했다. 이
부분은 첫 번째와 같은 이야기다. 민전은 모든 진보적 정당, 사회
단체가 들어와 있는 조직이기 때문에 거기에 충실한 원칙으로 운용
돼야 하는데 그렇게 하지 않고 공산당이 좌지우지하는 곳이 된다면
민전에 속한 방대한 대중, 군중이 제대로 폭넓게 활동하는 걸 막는
것이 아니냐고 비판한 것이다.

이 두 가지 지적은 충분히 이유가 있다고 난 본다. 조선공산당
이 자신들의 외곽 조직 비슷한 식으로 인민위원회와 민전을 활용하
는 측면이 있었다.

1946년 1월 3일 서울운동장에서 열린 좌익의 군중 집회. 10만 명 이상이 모였지만, 많은 사람이 이 집회가 3상회의 결정 지지 대회라는 걸 사전에 알지 못했다고 한다.

─── 그 이외에 조봉암은 어떤 부분을 지적했나.

세 번째 지적은 당시 크게 논란이 된 것인데, 조봉암은 모스크바3상회의 지지 투쟁 방침은 진실로 옳았지만 기술적으로 졸렬했기 때문에 일반 군중으로부터 배신자로 낙인찍혔다고 지적했다. 이것은 대단히 중요한 부분이다.

'조선공산당은 찬탁 세력이다', 이런 말 자체가 잘못된 것임을 나는 책과 논문에서 계속 주장해왔다. 그럼에도 조선공산당의 3상회의 지지 투쟁은 원칙주의, 근본주의에 너무나 충실했고, 민족 감정 같은 것을 충분히 이해하지 못했을 뿐만 아니라 정치적으로 더 신중하게 나아가야 할 부분에 대해서 그렇게 하지 못한 면이 분명히 있다고 본다. 당시 신탁 통치 부분은 한국인 다수가 '이건 있을 수가 없다'고 본 것이다. 그렇다면 신탁 통치까지 포함해서 3상회의 결정을 지지한다고 할 때는 그걸 왜 그렇게 해야 하는 것인지 일반 대중을 충분히 설득할 수 있어야 하는데, 조선공산당은 그런 작업을 충분히 하지 않았다.

특히 1946년 1월 3일 서울운동장, 나중에 동대문운동장이 되고 지금은 동대문디자인플라자로 바뀐 거기서 대규모 군중 집회가 열린다. 해방 후 처음으로 열린 큰 집회다. 10만 이상이 모였다고 자료에 나오는데, 이 집회에 참석한 수많은 공산주의 단체 조직원들은 이걸 반탁 대회로 알고 왔다. 그런데 연설하는 것들을 보니 전부 3상회의 결정 지지 연설을 하고 반탁은 잘못이라고 이야기해서, 자기들이 써가지고 온 슬로건조차 바꿔버리는 난센스까지 있었다. 그런 식으로 일을 처리해도 되는 건가? 아무리 급하다고 하더라도, 서울로 올라오던 공산당원들이나 서울에 와 있던 여러 지역의 공산당원을 사전에 설득하면서 '이 집회가 이런 집회다. 그렇게 알고 와라', 이렇게 해야 하는 것 아닌가. 그런데 그게 아니라 집회 장소에 와서야 많은 사람이 이게 3상회의 결정 지지 대회라는 걸 알았던 것이다.

이런 것은 조선공산당을 지지하는 군중조차 '이거 좀 이상한데', 이런 생각을 안 할 수 없게 만드는 것이었다. 그래서 민전을 조직할 때 지방의 조선공산당 간부들이 서울로 올라오게 되면서 중앙 간부 및 지방 간부 연석회의를 여는데, 그 자리에서도 중앙 간부 일부와 지방 간부 특히 경상도 쪽 간부들이 '모스크바3상회의 지지 투쟁 방침과 관련해 당이 잘못한 게 많다', 이런 지적을 하는 걸 볼 수 있다. 그런 점에서 이 부분도 조봉암이 지적을 잘한 것이다.

해서는 안 될 말을
미군 공작에 의해 했다?

── 조봉암이 이러한 비판을 할 무렵 조선공산당의 내부 사정은
어떠했나.

조봉암이 지적한 세 가지 문제점은 당시 조선공산당을 주도하
던 간부파가 너무 성급하게 모든 것을 자신들 중심으로 일사불란하
게 해나가려 한 데서 비롯한 일이겠지만, 결과적으로 대중을 진보
적 운동에 폭넓게 규합하는 데 어려움을 초래했다. 그러한 세 가지
지적과 더불어 조봉암이 한 비판 중에서 조선공산당 비주류 간부들
한테 제일 설득력이 있었던 것은 '당내 인사 문제에서 당이 무원칙
하다. 종파적으로 당이 운영되고 있다'며 당 지도부를 공격한 지적
이었다. 당 지도부 공격, 이게 제일 핵심이 아닐까 싶다. 이것 때문
에 사람들은 '조봉암이 소외당하니까 이런 공격을 한 것이 아니냐'
는 이야기도 하게 된다.

당을 종파적으로 운영한 것이 큰 문제라는 비판은 조봉암만
한 게 아니었다. '존경하는 박헌영 동무에게'가 발표되고 나서 석
달 후인 1946년 8월 좌익 3당(조선공산당, 여운형의 조선인민당, 백남운이
이끌던 남조선신민당) 합당 문제가 제기되면서 조선공산당 내에서 간
부파를 강하게 비난하는 세력들도 이 문제를 들고나온다.[*] 세 당을
합칠 때 여운형을 지지하는 세력과 박헌영을 지지하는 세력, 이 두
개로 쫙 갈리지 않나. 그때 여운형과 연합한 조선공산당 간부들을

---

[*] 이 세 당이 통합돼 1946년 11월에 만들어진 것이 남조선노동당(남로당)이다.

대회파라고 부르고 박헌영 쪽을 간부파로 많이 불렀는데, 대회파가 간부파를 비판한 것과 조봉암이 당 운영을 비판한 것은 비슷한 면을 보여준다. 대회파로 불린 사람들이 '합당 문제에 대하여 당내 동지 제군에게 고함'이라는 글을 발표하는데, 여기서 이들은 박헌영 일파가 당을 자색주의로 이끌어 당의 발전을 저해하고 당을 분열의 위기에 몰아넣었다고 주장한다. 자색주의는 자기 색깔주의라는 뜻이다.

반간부파는 명성 면에서는 다 유명한 사람들이었다. 강진, 서중석, 김철수, 이정윤, 김근, 문갑송 등이었는데 감옥소에도 많이 간 사람들이고 당시 공산주의자들 중에서 저명한 사람들이었다. 이 사람들이 그런 비난을 같이했는데, 그러면서 조선공산당 정치국 위원이던 강진이 '다시 당의 열성 동지들에게'라는 글을 발표한다.

── 강진의 글엔 어떤 내용이 담겨 있었나.

이 글에서 강진은 당이 어떻게 운영됐는가를 지적하며 아주 신랄하게 비판했다. 정치국 위원이었으니까 가장 잘 알지 않았겠나. 강진은 1945년 9월에 당을 재건한 후 당권파가 아닌 동지들은 당무로부터 완전히 고립돼 있었고 당권파는 중요한 당무를 보고하지도 않았다고 비판했다. 중앙위원회에 모든 걸 보고해야 하는데 그렇게 하지 않았다는 뜻이다. 각종 레벨에서 온 제안이나 평가 등을 중앙위원회에 보고하지 않고 당권파가 자기 그룹 사람들끼리만 알고 있었다는 것이다. 그러면서 당 재정을 이들이 장악했고 지방에 자기 그룹 사람을 보냈는데 특히 박헌영, 그리고 이주하가 들어가 있던 서기국은 완전히 그들의 장중掌中에 들어가 정치국과 조직국을 훨씬 능가하는 힘을 가졌다고 강진은 주장했다.

당 운영이 이처럼 잘못된 것이 결국 대회파와 간부파의 대결로 나타나면서 조선공산당 활동에 치명적인 어려움을 조성하게 되는데, 조봉암은 그런 것들을 대회파보다 먼저 지적한 것이라고 이야기할 수 있다. 그런 점에서 '존경하는 박헌영 동무에게'에서 조봉암이 지적한 건 '해서는 안 될 말을 미군 공작에 의해서 했다', 이런 건 아니고 공산당 노선의 문제점을 자신의 관점에서 지적한 것이라고 볼 수 있다.

노동 계급 독재도, 자본 계급 전제도 반대

— '존경하는 박헌영 동무에게'가 언론에 공개된 데 이어 그다음 달(1946년 6월)123에는 공산당 및 공산당이 지도하는 모든 운동을 부인하는 조봉암 명의의 성명서가 발표된다. 조봉암은 왜 이때 이러한 방향 전환을 한 것인가. 이와 관련해, 박헌영 쪽과 관계가 원만하지 않았던 점도 적잖게 작용했으리라고 볼 수 있지만 그것보다는 해방 후 조선공산당이 보인 모습에 대한 실망감과 비판 의식이 더 큰 원인 아니었을까 하는 생각이 든다. 더 나아가 해방 이전부터 자신이 관여한 여러 운동에 대한 일정한 반성이 방향 전환의 밑바탕에 놓여 있지 않았을까 하는 생각도 든다. 그런 것이었다면, 미군이 조봉암의 편지를 공개해 좌익 내부의 갈등을 부추기지 않았더라도 박헌영 지도부의 조선공산당 노선에서 조봉암이 벗어났을 가능성은 이미

충분히 있었다(물론 그 시기와 방식은 달랐겠지만)고 볼 수 있지 않을까?

조봉암이 방향 전환을 확실히 하는 것이 '존경하는 박헌영 동무에게', 이 문서가 발표된 때라고 보지는 않는다. 이건 철저하게 공산주의자의 입장에서 쓴 문서다. 이 문서를 작성한 건 5월 7일보다 훨씬 전인데, 그때만 해도 조봉암은 분명히 공산주의자였다.*

조봉암은 이 서신이 발표된 지 8일 후인 5월 15일 인천 민전 의장에서 사임한다. 6월 23일 민전 주최로 미소공위 속개를 촉진하는 인천 시민 대회가 열렸는데 여운형, 이강국, 김원봉 같은 거물들이 여기서 연설하고 그랬다. 바로 그날 좌익, 그것도 주로 공산당을 비난하는 성명서를 뿌리는데 '여기부터 분명히 조봉암은 공산당 노선과 결별했다', 이렇게들 많이 보고 있다.

사실 이날 배포된 성명서도 미군 CIC 공작 아니냐고 보고 있다. 1946년 6월 조봉암은 미군 CIC에 잡혀갔다가 이 대회 전날(22일) 석방되는데, 그 직후 성명서가 뿌려졌기 때문이다. 그리고 이 성명서를 보면 상당히 친미적인 언사가 들어가 있다. 미국을 민주주의 국가로 잘 평가해줬는데, 그런 점에서도 이 성명서는 공작의 산물이라고 볼 수 있다.

그러면 이 성명서에서 어떻게 공산당을 비난했느냐. '비공산 정부를 세우자', 제목도 그렇게 돼 있는데 조봉암은 민주주의 원칙에 의해 자유 국가를 건설해야 하며 어느 한 계급이나 한 정당의

---

* 1946년 3월 중순 인천 지구 미군 방첩대가 민전 인천 지부를 수색했다. 이 과정에서 조봉암으로부터 '존경하는 박헌영 동무에게' 초고를 압수했다. 그것이 그해 5월 7일 자 신문에 공개된 것이다.

　　　　　　　　　　　　　　　　조봉암과 이승만

독재, 전제가 나와서는 안 된다고 주장했다. 공산당 일당 독재가 돼서는 안 된다고 비판한 것이다. 그리고 '현재 조선 민족은 공산당이 되기를 원치 않는다'고 이야기했다. 공산당 집권을 원치 않는다는 뜻이다. 조봉암은 공산당이 소련에만 의존하고 미국의 이상을 반대하는 태도는 옳지 않다고 이야기했다. 그런 다음에 노동 계급의 독재나 자본 계급의 전제를 반대한다고 명시하는데, 이건 여운형도 항상 강력하게 주장했고 조봉암이 그 후 정치 활동에서 평생 주장하게 되는 신념이다.

해방 이전부터
조봉암에게 따라붙은 비판·비난들

— 박헌영이 이끈 경성콤그룹 쪽에서 해방 이전부터 조봉암을 비판했다고 지난번에 이야기했다. 그렇게 비판한 근거는 무엇인가.

조봉암하고 박헌영은 해방 후 극적으로 갈라서면서 구설에 더 많이 오르게 되지만, 오래전부터 사이가 안 좋았던 것으로 보인다. 1920년대에 조봉암은 공산주의자로서 조선공산당과 고려공청에서 맹활약할 때에도, 신흥청년동맹에서도 박헌영과 함께 활동했다. 두 사람은 조선일보 사회부에서 기자로 같이 활동하기도 했다. 이 시기들이 다 포함되는지는 분명치 않지만, 어떤 사람이 쓴 글을 보면 두 사람이 별로 사이가 안 좋았다고 한다. 그러다가 언젠가부터 조봉암이 여러 사회주의자들로부터 비판 혹은 비난을 받게 되고, 그

김조이와 조봉암. 1939년, 7년의
수감 생활 끝에 석방된 조봉암이
김조이와 경남 창원 처가를
방문했을 때의 모습.

러면서 해방 후 조봉암이 아주 찬밥 신세가 돼버리는 걸 볼 수 있
다. 그렇게 된 이유로 나오는 게 몇 가지 있다.

우선 첫째는 여성 관계를 거론한다. 일제 강점기에 활약한 사
회주의자들에겐 유명한 애인들이 있었다. 박헌영에겐 주세죽이라
고 서양인처럼 매끄럽게 생긴 여성이 있지 않나. 주세죽은 우리
나라 초기의 피아니스트 중 한 명이고 집안도 잘사는 편이었는데,
공산주의자가 돼서 박헌영과 살고 나중에는 김단야와도 사는 사람
이다. 임원근은 허정숙과 애인 관계였다. 허정숙은 임원근 말고 다
른 동지들하고도 나중에 깊은 관계를 맺어 한국의 콜론타이라는
별명을 얻는다. 서울청년회계의 대표 격인 김사국은 박원희라는
여성 사회주의자와 부부 관계를 맺었다. 김단야는 고명자와 애인
관계였다. 혁명 시대의 혁명가들의 연애였다.

조봉암은 김조이와 1924년에 결혼했다고 나와 있는데 이 결혼
이 정식 결혼인지는 알 수 없다. 김조이는 1925년 조봉암의 노력으

로 동방노력자공산대학에 들어가는데, 그다음부터는 조봉암과 헤어져서 활동하게 된다. 나중에 국내에 잠입해 활동하다가 1934년에 체포돼 3년 징역형을 받았다고 돼 있는데, 징역형을 모두 합하면 5~6년형을 살다가 1942년에 와서 인천에 있던 조봉암과 재결합한다.

그런데 조봉암한테는 따로 애인이 있었다. 김이옥이라고 강화도의 부유한 집 딸이었다. 이 사람은 경성여자고등보통학교, 이게 경기여고 전신인데 그 학교에 다녔다. 1910년대는 전국에 '여고보'(여자고등보통학교)가 거의 없던 때인데 경성여자고등보통학교를 다니고 이어서 이화여전에 다녔으니 여자로서 최고로 좋은 데를 다녔다고 이야기할 수 있다. 부잣집 딸이고 미인이었던 이 사람은 조봉암과 나이 차이는 꽤 났지만 교회에 다닐 때 애인 관계가 됐다고 한다. 조봉암이 3·1운동으로 감옥소에 갔을 때 옥바라지를 하면서 서로 사랑하게 됐는데, 김이옥 집에서는 절대로 용납을 안 했다고 한다.

그러다가 그 당시에 많은 사람이 걸리던 병인 결핵에 김이옥도 걸린다. 폐결핵에 걸린 김이옥은 상해로 와서 조봉암과 재회했다. 그때는 김조이가 없을 때였으니 두 사람은 같이 살았다. 그렇게 해서 상해에서 난 딸이라는 뜻을 지닌 큰딸 호정 씨(조호정)가 태어나게 된다. 그 후 조봉암이 다시 체포되고 감옥소에 들어갔을 때 김이옥 이 사람은 세상을 떠났다.

조봉암은 1942년에 김조이와 재결합했는데, 김조이와는 한국전쟁이 나자마자 헤어지게 된다. 김조이는 납북됐다고 하는데, 하여튼 전쟁 발발 직후 두 사람은 헤어졌다. 그런데 바로 이 여성 문제, 즉 김이옥과 같이 산 것이 '동지 김조이가 있는데 그럴 수 있느

박헌영(앞줄 오른쪽에서 세 번째). 이 사진은 박헌영의 부인이던 주세죽의 유품 속에서 발견됐다. 1929년 모스크바의 국제레닌학교에 재학 중이던 박헌영이 동아시아 각국의 혁명가들과 함께 찍은 사진으로 오랫동안 알려졌다. 그러나 정병준 이화여대 교수는 2015년에 펴낸 《현앨리스와 그의 시대》에서 여러 정황을 고려할 때 1921년 겨울 상하이에 머물던 박헌영이 중국 유학 중이던 한국 학생들과 찍은 사진으로 보인다고 추정했다.

냐'는 식으로 구설에 오른 모양이다. 그렇지만 이건 허정숙의 경우와 마찬가지로 '그렇게 완고한 생각을 갖는 게 사회주의자다운 것인가', 이런 이야기를 할 수 있다고 본다.

── 남녀 관계 이외에 조봉암이 비판받은 사안으로 어떤 것이 있나.

조봉암에게 붙은 또 다른 비난은 공금을 유용했다는 것이다. 1927년에 조봉암은 범태평양노동조합 1차 대회에 조선 대표로 참석했다. '태로'라고 불린 유명한 대회인데 이때 공금을 같이 간 동지들의 생활비, 여비 같은 것으로 썼다고 돼 있다. 어떻게 공금을 유용할 수 있느냐고 해서, 이것으로도 계속 비난을 받았다. 이것 말고도 강탈 사건이 있었는데, 조봉암이 했다는 게 아니라 조봉암 밑에 있던 사람이 저질렀다는 것으로 이건 별로 문제가 안 되는 것 같다. 하여튼 이런 문제들 때문에 조봉암이 해방 후 재건파 쪽으로부터 특히 비난을 많이 받게 된다고들 이야기한다.

그런데 내가 보기에 박헌영과 조봉암의 관계를 불편하게 만든 핵심 문제는 이런 사소한 문제들이 아니었던 것 같다. 물론 헤게모니 문제 같은 건 작용할 수 있었을 것이다. 어쨌건 1925~1927년 활동으로 보면 조봉암은 한국 공산주의를 대표하는 유명한 공산주의자 중 한 명 아니었나. 그런 사람을 어떻게 할 것인가 하는 건 쉽지 않은 문제이긴 했다. 양측이 헤게모니 싸움을 할 수도 있었다. 그렇지만 그런 헤게모니 문제보다 더 컸던 건 두 사람의 경험과 연관된 노선 문제가 아니었나, 난 그런 생각을 한다.

조봉암과 박헌영이 갈라선 근본 이유

— 어떤 의미인가.

무슨 이야기냐 하면 조봉암은 좌우 합작, 민족 연합 또는 민족 협동 전선 같은 걸 주장하면서 민족 유일당 운동에서도 적극적으로, 상당히 오랫동안 활동한다. 사회주의자들에 대해서도 반제동맹 같은 전선체를 만들어 활동했다. 조봉암은 주로 그런 좌우 합작, 민족 협동, 전선체 활동을 많이 했다. 조봉암이 그런 활동을 하던 시기에 코민테른이나 소련공산당은 극좌 노선 쪽으로 갔는데, 조봉암이 그런 노선의 직접적인 영향을 받아 그 노선에 따라 움직였다고 볼 수 있는 자료가 나오지 않는다.

박헌영은 이와 달랐다. 1925년 신의주 사건으로 체포돼 감옥소에 들어간 박헌영은 미친 사람 같은 모습을 보여 1927년 말 감옥소에서 나오지 않나. 그 후 소련으로 탈출해 1929년 국제레닌학교에 들어간다. 그러고는 조봉암이 중국공산당에 입당한 것과 달리 박헌영은 소련공산당에 입당한다.*

이즈음 열린 제6회 코민테른 대회(1928년 7~8월)에서 극좌 노선이 채택된다. 스탈린이 트로츠키파를 축출하고 소련공산당을 장악하는데, 그와 함께 코민테른 노선이 뚜렷하게 극좌적인 모습을 보인다. 그래서 그해 12월 코민테른에서는 조선 공산주의자들의 활동 노선과 임무를 밝힌 '12월 테제'를 작성하는데, 계급 노선에 아주 충실하도록 한 것이었다. '민족주의 세력과 협력이나 연합은 있을 수 없다. 민족주의의 문제점과 비혁명적·기회주의적 성격을 비판·폭로하고 단호히 공격하라. 혁명적 노동 운동과 농민 운동을 펴서 공산당의 혁명적 성격을 뚜렷하게 드러내야 한다', 이런 내용이었다.

박헌영은 어느 누구보다도 강하게 12월 테제의 영향 아래 있었던 것으로 보인다. 그러면서 1932년에 상해로 와서《꼼무니스트》라는 유명한 소책자를 내고 조선공산당 재건 운동을 전개한다. 조

---

* 체포된 후 심한 고문을 당한 박헌영은 재판 과정에서 정신이상자와 같은 모습을 보였다. 이것은 박헌영의 연극이었다는 시각도 있다. 박헌영 측은 박헌영의 그러한 상태를 근거로 몇 차례 병보석을 신청했다. 처음엔 기각됐으나 1927년 11월 박헌영은 결국 병보석으로 감옥에서 나오게 된다. 훗날 소설《상록수》를 쓰는 작가이자 박헌영과 경성고등보통학교 동창이던 심훈은 이때 고문으로 망가진 친구를 보고 안타까워하며 〈박군의 얼굴〉이라는 시를 쓰기도 한다. 감옥에서 나온 후 요양하던 박헌영은 이듬해 만삭이던 아내 주세죽과 함께 은밀히 블라디보스토크로 탈출한다. 그 후 주세죽은 모스크바로 향하던 시베리아 횡단 열차에서 딸 비비안나를 낳는다.

조봉암과 이승만

선공산당 재건 운동은 거의 다 12월 테제에 따라 이뤄진다. 그전에 코민테른에서 조선공산당 해체 지시를 하고, 12월 테제에서 '혁명적 공산당으로 조선공산당을 새롭게 재건해야 한다'는 지침을 마련했기 때문이다. 12월 테제에 담긴 조선공산당 재건 운동 원칙에 따라 당 재건 운동을 편 것이기 때문에, 이 시기에는 박헌영뿐만 아니라 조선공산당 재건 운동을 펴는 세력은 거의 다 12월 테제에 입각해서 했다고 볼 수 있다. 박헌영은 그런 활동을 하던 중 1933년 상해에서 체포된다.

그러니까 박헌영은 좋게 말하면 코민테른과 소련공산당의 정통 노선을 따랐다고 할 수 있다. 극좌 노선, 계급 대 계급 노선으로도 불리는 제6회 코민테른 대회의 노선에 따랐던 것이다. 그와 달리 조봉암은 중국공산당에 들어가 있었고 좌우 합작, 민족 협동, 전선체 활동을 많이 했다. 그런 점에서도 두 사람은 같이 일하기가 어렵지 않았을까 하는 생각이 든다.

그리고 조봉암은 거물 아니었나. 다른 사람 같으면 박헌영한테 고개 숙이고 들어가면 되는데 조봉암은 그럴 처지가 아니었다. 그런 것도 있고, 내가 보기에는 두 사람의 성격이 판이했다. 조봉암은 나중에 대중적 정치가로서 대단한 면모를 과시하는 데서 볼 수 있는 것처럼 대중적 활동에 적합한 대중 정치가다운 면모가 뚜렷했다. 조봉암이 비난당한 몇 가지 이유를 앞에서 말했는데, 엄격한 공산당 규율에 과연 적합한 사람인가 하는 의문을 품게 하는 면이 조봉암에겐 있었다. 그에 비해 박헌영은 원칙주의자로서 철저한 원칙과 그 노선에 따라 조직 투쟁을 전개하는 방식으로 살았다. 그런 점에서 두 사람이 개성, 성격, 활동 방법 같은 데서 상당히 큰 차이가 났던 것이 1930년대 전후의 활동 차이와 함께 결국 두 사람이 크게 갈라설 수밖에 없는 기본적인 요인이 아니었는가, 그렇게 보인다.

극우 성향 장택상이
조봉암 목숨 구하려 동분서주한 이유

── 조봉암이 극적으로 박헌영과 갈라서며 방향 전환을 했지만, 수
구 세력 중에는 이를 믿지 않는 이들이 있지 않았나.

나중에 선거 때 한민당의 후신인 민국당이나 '민주당이 조봉암
을 계속 색깔로 몰아붙이는 것에서 짐작할 수 있듯이 조병옥, 김준
연 같은 한민당-민국당-민주당의 간부들은 '조봉암은 전향하지 않
았다'는 주장을 많이 한다.

그건 과연 적절한 이야기인가? 그것에 대해 반론을 제시하는
게 몇 가지 있다. 예컨대 나중에 조봉암이 사형 선고를 받았을 때
장택상이 구명 운동을 많이 한다. 장택상이 조병옥 못지않게 극우
에 가까운 사람인 걸 생각하면 이것은 보기 드문 일이다. 그러면 장
택상은 왜 그랬느냐. 장택상은 조봉암한테 감명을 받았다고 한다.
뭐냐 하면, 한국전쟁이 일어났을 때 두 사람은 같이 국회 부의장을
하고 있었는데 조봉암이 마지막까지 해야 할 일을 하고 챙기면서
그야말로 아슬아슬하게 탈출했다는 것이다. 그것 때문에 김조이하
고도 헤어질 수밖에 없었는데, 장택상이 보기에 '아, 북쪽에서 쳐들
어왔는데 북쪽에 조금이라도 관심이 있었으면 조봉암이 그런 태도
를 보일 리가 없다'는 것이었다. 그러면서 장택상은 '전쟁을 맞이했
을 때 그냥 도망가지 않고 조봉암처럼 자기 직분에 충실했던 사람

1950년대 초반 무렵의 박헌영. 박헌영은
1950년 조봉암을 "인민의 대열을 분열, 파괴하는
미 제국주의의 유급 간첩"이라고 규정했다.

은 없다. 난 거기서 조봉암이 정말 큰사람이라고 생각하게 됐다. 조
봉암은 훌륭한 사람이다', 이걸 많이 강조한다. 그러면서 '이 사람은
절대로 공산주의자가 아니다'라고 주장하며 구명 운동을 편다. 이
런 장택상의 예를 많이 든다.

사람들이 또 하나 예로 많이 드는 것이 한국전쟁이 났을 때 북
한 쪽에서 제일 먼저 조봉암을 죽이려고 했다는 것이다. 그만큼 조
봉암하고 북한은 사이가 나빴다는 것을 많이 예로 든다. 그런 것은
박헌영 연설에도 나온다. 박헌영과 조봉암은 참 악연인 것 같은데,
예컨대 전쟁이 일어나기 5개월 전인 1950년 1월에 박헌영이 발표한
'남조선 현 정세와 애국적 정당, 사회 단체들의 임무'라는 글을 보
면 비판 대상의 제일 앞에 조봉암이 들어 있다. 조봉암, 별 성星 자
쓰는 김성숙, 조동호, 장건상 등을 "인민과 조국과 민주 진영을 버
리고 미제와 그 주구 역도逆徒 편에 넘어가서 인민의 대열을 분열,
파괴하는 미 제국주의의 유급 간첩"이라고 규정했다. 김성숙 이 양

세 번째 마당

반도 북한을 아주 비판한 사람이고, 조동호 이 사람은 저명한 공산주의자였지만 여운형과 둘도 없는 단짝이었다.

　사실 1948년 정부의 첫 번째 농림부 장관으로 참여한 후 활동한 걸 쭉 보면 조봉암은 절대로 공산주의자가 아니었다. 공산주의에 대한 맹렬한 비판을 긴 글에서건 짧은 글에서건 계속하는 것을 볼 수 있고 여러 차례의 선거 운동에서 한 연설이나 정강, 정책 등을 통해서도 그걸 알 수 있다. 무엇보다도 조봉암은 탁월한 대중 정치가였다. 그런 면에서 볼 때도 공산당하고 맞을 수가 없는 사람이었다. 나중에 진보당 간사장을 맡게 되는 윤길중하고 같이 말술로 무지하게 퍼마셨다고 하는데 하여튼 개성이라고 할까, 그런 면에서 공산당의 조직적 생활에는 안 맞는 사람이었다. 어쨌든 조봉암은 여성 관계도 상당히 있지 않았나. 그런저런 걸로 볼 때 개인 성향에서도 공산주의와 안 맞는 사람이라고 말할 수 있다.

5·10선거 참여와
이승만 정부 입각,
어떻게 봐야 하나

조봉암과 이승만, 네 번째 마당

김 덕 련 1946년 공산주의를 부정하며 방향 전환을 한 후 조봉암은 어떤 활동을 했나.

서 중 석 조봉암은 공산당과 결별한 후 좌우 합작 운동에 적극적으로 뛰어들었다. 일제 때 했던 활동과 비슷한 것인데, 민주주의독립전선이라는 게 1947년 초 출범할 때 이극로 등과 함께 그 주요 간부로 활동했다. 그리고 중도 세력이 만든 미소공동위원회대책협의회, 이걸 '공협'이라고 부르는데 제2차 미소공위가 열릴 때 이 단체에서도 적극적으로 활동했다. 이와 같이 좌우 합작, 미소공위 협력 활동에 열심히 참여해 주요 간부로 활동하는 걸 볼 수 있다.

그러나 공협에서 적극적으로 지지한 미소공위가 1947년 7월이 되면 결국 틀어지기 시작하지 않나. 그렇게 된 데에는 1947년 3월 12일 트루먼 독트린에 의해 미국의 냉전 정책이 이미 구체화되기 때문이라고 이야기할 수도 있지만, 특히 6월에 들어서면 마셜 플랜으로 미국이 유럽 문제에 적극 나서는 것을 볼 수 있다. 이것은 7월에 가면 조지 케넌이 주장했던 소련에 대한 전 세계적 규모의 봉쇄 정책을 펼치는 것으로 나타난다. 그러면서 한국에서 미소공위를 통해 통일 임시정부를 만든다는 정책이 미국에서 7~8월이 되면 폐지되고, 9월에 가면 한국 문제를 유엔에 이관한다고 보통 설명한다.

그렇게 되니까 통일 정부를 세운다는 것이 굉장한 난관에 봉착하게 됐다. 그런 속에서 '남북 대표자 회의 같은 것이라도 해서 이제는 우리 민족끼리 뭔가 찾아봐야 하지 않느냐'는 움직임이 제기된다. 그런 것과 관련을 맺으면서 중도파를 중심으로 그해 12월에 민련 또는 민자련이라고 하는 민족자주연맹을 만든다. 민족자주연맹의 주석은 김규식이었다.

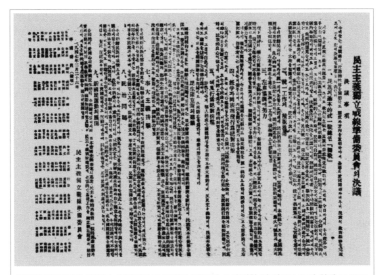

민주주의독립전선 결의문. 조봉암은 이 단체가 1947년 초 출범할 때 이극로 등과 함께 그 주요 간부로 활동했다.

조봉암은 민족자주연맹에 들어가려 노력했다고 한다. 그런데 이때 김규식의 비서 격으로 송남헌과 함께 활동했던 강원용 목사의 증언에 따르면 김규식은 조봉암을 받아들이지 않았다고 한다. 조봉암이 민족자주연맹에 여러 번 들어가려고 했는데도 그 때문에 들어가지 못했다고 한다.

5·10선거의 이중성과
조봉암의 5·10선거 참여

── 김규식은 왜 그렇게 한 것인가.

김규식이 갖고 있던 강한 반공 의식이라고 볼 수 있는 것이 작용했다고 한다. 미소공위에 의해 임시정부를 세우는 데는 좌파와 연합해야 하는 것 아니었나. 좌우 합작을 적극적으로 펼치기 위해 공산주의자들까지도 힘을 모아야 하는 것이었고 그런 입장에선 공산주의자라고 하더라도 반대하지 않겠지만, 제2차 미소공위까지 막을 내린 상황에서 '조봉암은 과거에 공산주의 활동을 한 사람이기 때문에 믿을 수 없다. 그래서 받아들일 수 없다'고 김규식이 아주 명확하게 선을 그었다고 한다. 어쨌든 조봉암을 공산주의자로 봤던 모양이다.

당시 민족자주연맹에 참가한 사람들은 대개 중도 우파 성향을 띠고 있었다. 예컨대 홍명희도 민족자주연맹에 참여하는데, 나중에 북한으로 넘어가긴 하지만 이 당시에는 누구나 홍명희를 중도 우파 정도로 분류했다.

조봉암은 민족자주연맹에 못 들어갔기 때문에 민족자주연맹과 정치적 입장을 달리하게 돼 1948년 5·10선거에 나섰다고 생각할 수도 있지만, 5·10선거에 조봉암이 참여한 것은 또 많은 사람을 깜짝 놀라게 했다. 5·10선거는 분단 정부를 확고하게 세우기 위한 선거 아니냐, 미국이 남한에 단독 정부를 세우기 위해 5·10선거를 치르는 것 아니냐, 이런 이야기들이 당시 합작파·협상파들 사이에서 많이 나왔기 때문이다.

난 5·10선거의 이중성을 항상 강조하고 이 선거를 높이 평가할 수 있는 측면이 있다는 걸 이야기해왔다. 그러나 그 당시 한국 사람들의 대다수는 5·10선거를 납덩이같은 마음이라고 할까, 무거운 마음으로 받아들이지 않았겠나. 분단이 된다는 게 뭔지 명확하게 감이 오진 않지만 '남북 분단은 우리의 허리를 두 동강 내는 것

5·10선거 홍보 포스터.

과 똑같다. 있을 수 없고 있어서도 안 된다. 굉장한 불행이 올 수 있다. 남북 간에 전쟁이 일어날 수도 있다. 꼭 하나의 국가로 돼야 하는데, 5·10선거를 하면 정말 그게 어렵게 되는 것 아니냐', 이런 생각을 많이 갖게끔 한 건 사실이다. 김구, 김규식이 참여한 남북 협상에 사람들이 그렇게 많이 성원을 보낸 것도 그게 될 것이라고 생각해서라기보다는 '민족 지도자라면 어떻게 해서든지, 엄청난 불행을 초래할 분단을 막기 위한 노력을 해야 한다. 우리는 당위적인 입장에서 그 노력을 지지할 수밖에 없지 않느냐. 분단만은 피해야 한다. 그건 바로 전쟁을 피하는 길이기도 하다', 이렇게 생각했기 때문이다. 그런 게 당시 큰 여론이었다.

─── 5·10선거에 대한 그러한 여론을 보여주는 자료가 있나.

1948년 5월 11일 자 동아일보.
"감격과 긴장 속에 유권자 투표
개시", "광주·진도·대구에 선거
반대 폭동"이라는 제목 아래
5·10선거 분위기를 보도하고 있다.

　　예컨대 한국여론협회에서 1948년 4월 10일 서울에서 통행인
1,262명을 대상으로 여론 조사를 실시한 것을 보더라도 어떠한 분
위기를 읽을 수 있다. 우리나라 선거 중 5·10선거에 한해서만 선거
인 등록을 하게 했는데 1,262명 중에서 선거인 등록을 한 사람은
934명, 하지 않은 사람은 328명이라고 돼 있다. 즉 74퍼센트가 등록
한 것으로 돼 있다. 그렇지만 이 934명 중 자발적으로 등록한 사람
은 84명, 9퍼센트에 지나지 않았다. 91퍼센트인 850명이 선거인 등
록을 강요당했다고 답변했다. 1,262명 전체로 따지면 사실상 84명
을 제외하고는 등록을 강요당했거나 등록하지 않았다는 말이다. 압

도적 다수가 '이 선거가 마음을 정말 무겁게 짓누른다. 해야 하나?', 투표를 앞두고 큰 고민을 많이 했다는 걸 얘기해주는 것이다. 당시 선거인 등록을 강제하는 방법은 배급 제도를 비롯해 여러 가지가 있었는데, 어쨌건 많은 사람이 이 선거에 참 무겁게 응한 것 아니냐고 볼 수 있다. 분단을 초래하기 때문에 그랬던 것이다.

그런데 조봉암은 그 선거에 나선다. 조봉암처럼 유명한 사람이 그 선거에 나섰다는 것은 충분히 비난을 받을 수 있었고, 이상하다는 이야기를 들을 수 있었다. 그러나 그 당시 중도파, 그러니까 좌우 합작을 강하게 추진했고 미소공위에서 임시정부를 탄생시키기 위해 애를 많이 썼던 사람들을 살펴보면 여러 가지 태도를 취했다는 걸 알 수 있다.

김구 같은 태도도, 김규식 같은 태도도, 조봉암 같은 태도도 필요했다

— 각각 어떤 태도를 취했나.

남북 협상에 참여한 양대 인물 중 한 분인 김구는 적극적으로 5·10선거를 부정하는 얘기를 한다. 그렇지만 우사 김규식은 그와는 좀 다른 이야기를 한다. 예컨대 1948년 2월 26일 유엔 소총회에서 선거가 가능한 지역, 그러니까 남한만의 총선거를 결의했을 때 김규식은 유명한 '불참가 불반대'를 내세운다. '나는 그 선거에 참여하지 않지만 그 선거에 참여하는 걸 반대하진 않겠다', 이것인데 난 이것이 굉장히 사려 깊은 발언이라고 본다. 현실을 인정하지 않을 수 없었던 것이다. 우사는 국제적인 시야가 넓은 사람 아니었나. 그렇기 때문에 '분단이 어쩔 수 없는 상황에 이르렀는데, 난 김구와 함께 남북 협상을 하러 간다. 민족적 입장에서 이 위기에 그런 노력을 하지 않으면 그것도 잘못이다. 한 번에 안 되면 백 번이라도 남북 간을 트기 위해 만나야 한다', 이런 이야기를 한다.

이런 우사는 8월 15일 정부 수립을 공포했을 때도 김구와는 다른 태도를 보인다. 남한과 북한에 들어선 정부가 민생을 위해 잘했으면 좋겠다는 이야기를 한다. 이처럼 어쩔 수 없는 현실을 인정하면서도 '통일 운동을 계속 펴야 한다. 남북 간에 긴장이 고조되고 전쟁이 일어나서는 안 된다', 이런 논리를 김규식은 폈다. 여기에 사실은 조봉암과 통할 수 있는 면이 있다.

민족자주연맹의 주요 지도자라고 볼 수 있는 김병로, 안재홍 등 상당수는 김구, 김규식의 북행을 반대한다. 그러면서 5·10선거엔 참여하지 않는다. 차마 참여할 수 없었던 것이다. '어떻게 5·10선거에 참여할 수 있겠나. 민족을 위해 평생 살아온 사람이 분단을 초래하는 그 선거에 참여할 수는 없지 않은가', 이렇게 생각한 것 아니겠나. 그렇게 생각할 수도 있지만 조봉암처럼 '그렇게만 생각할 게 아니라 현실을 인정해야 한다. 그런 속에서 난 5·10선거에 참여하겠다. 그래서 훌륭한 대한민국을 만들기 위해 노력하고 훌륭한 헌법을 만들도록 하고 통일되도록 현실 정치에 적극 참여해 노력하겠다', 이런 태도를 취하는 것도 있을 수 있다고 본다.

어쨌든 단정 운동 세력은 한민당이건 이승만을 지지하는 세력이건 자신들이 정권을 독차지하려고 했다. 그래서 국민들한테 인기가 좋은 중도파가 정치에 참여하는 걸 극도로 경계하고 그쪽을 회색 인간, 기회주의자, 빨갱이 앞잡이로 계속 몰아댔다. 우리나라 같은 상황에서 거기에 정면으로 맞서면서 '나는 나서겠다', 이런 용기를 갖기가 사실 쉽지가 않은데 나는 그런 용기도 필요하다고 본다. 그렇게 해서 한민당이나 이승만 지지 세력의 힘을 약화시키는 역할을 하는 사람이 현실 정치에서는 꼭 필요했기 때문이다. 그렇기 때문에 김구 같은 태도도 필요하고, 우사 같은 태도도 필요하고, 김병로와 안재홍 같은 태도도 필요하고, 조봉암 같은 태도도 필요하다고 본다.

— 5·10선거 참여에 더해 조봉암은 제헌 국회의원으로서 한동안 친이승만 성향 단체에서 활동하기도 한다. 당시 진보적인 사람들 중 상당수에게 비판 혹은 오해를 받기 딱 좋은 모습 아니었을까 싶다. 그런 비판 혹은 오해가 훗날 진보당 확장을 비롯한 조봉암의 활동에 장애로 작용하지는 않았는지 궁금하다.

조봉암이 5·10선거에 참여한 건 그 당시에도 비난을 많이 받았지만 그 이후에도 조봉암을 계속 비난하게 하는 중요 요인으로 작용했다. 나중에 혁신 정당인 진보당 같은 걸 만들 때에도 일각에서 조봉암의 태도를 문제 삼을 때 5·10선거에 참여한 걸 가지고 이야기하는 걸 볼 수 있다. 그렇지만 조봉암이 5·10선거에 참여한 것을 결코 잘못됐다고 볼 수 없다. 그건 5·10선거 직후 조봉암의 활동을 보면 분명히 알 수 있다.

사상의 자유와 인민의 권리를 위해
이승만·한민당과 차원이 다른 활동을 펼치다

—— 어떤 면에서 그러한가.

주한 미군 자료를 보면, 선거가 끝난 직후 조봉암이 '5·10선거에 참여해 당선된 의원들을 보면 세 부류가 있다'고 이야기한 것으로 나온다.

하나는 미소 양군 철수와 남북 협상을 주장하고 통일 전에 한국 정부를 수립하는 데 반대하는 그룹이다. 통일 전에 정부를 수립하면 안 된다고 본 강경한 그룹이 5·10선거에 나와 당선된 것이다. 소수이긴 하지만 이런 사람들이 분명 있다는 것이었다.

두 번째는 미국, 국제연합, 그리고 이해 당사자들의 입장을 고려하면서 신중히 정부를 수립해야 한다고 보는 그룹이다. 그러니까 5·10선거를 통해 당연히 정부가 수립되는 것이었는데도, 거기에 참여한 사람들은 여러 가지 생각을 한 것이다. 어쨌건 통일 정부를 생각하면서 신중히 정부를 수립해야 한다는 게 두 번째 그룹의 이야기라는 것이었다. 이 숫자는 상당히 다수라고 돼 있다. 이건 무소속 구락부, 나중에 소장파로 알려지는 그 세력을 가리킨다. 다시 말해 조봉암 자신도 여기에 속한다는 말이다.

세 번째는 내전이 일어나건 말건 즉각 정부를 수립해야 한다고 보는 그룹이다. 즉각 정부를 수립하면 내전이 일어난다는 이야기가 이 당시에는 많았다. 그런 상황이 존재했다. 이게 바로 한민당하고 대한독립촉성국민회, 그러니까 이승만 지지 세력 이쪽인데 이쪽 세력이 제일 강력하다고 이야기하는 것을 볼 수 있다. 당연한 이

初代 國會 議員 面面

1948년 6월 1일 자 경향신문. 5·10선거에서 당선된 국회의원들의 면면을 다뤘다. 맨 오른쪽 줄 위에서 두 번째 칸에 조봉암의 얼굴도 보인다.

야기다.

── 5·10선거에서 조봉암은 인천에서 출마해 국회의원이 된다. 당
   선 후 어떤 활동을 했나.

국회가 열리고 며칠 후인 1948년 6월 12일 국회에서 북한 동
포에게 보내는 메시지에 관한 건을 채택하게 된다. 이 메시지에 관
한 건은 단정 운동 세력의 입장을 최대한 반영한 것이었다. 그래서
조봉암은 이렇게 연설한다. '미소공동위원회 사업은 삼천만이 원하
지 않는 사업이라고 했는데 나 자신은 (그러한 주장에) 찬성할 수 없

네 번째 마당

다', 이렇게 딱 부러지게 이야기했다. 그리고 '남북 협상 또 남북 통일이 전 민족이 다 향하는 것이다', 이렇게 말했다. '향한다'는 이 표현이 재미난 표현인데, 지지한다는 표현을 직접적으로 쓸 수 없기 때문에 '향한다'는 표현을 쓴 것 같다. 전 민족이 다 향하는 것인데 왜 이걸 비난하느냐는 이야기였다. 또 자신은 친소파도 아니지만 반소파도 아니라고 여기서 밝혔다. 용기 있는 발언이었다.

그러면서 좌우 합작 때 주장했던 논리를 편다. 조선 문제를 해결하는 유일한 길은 미국과 소련 두 나라가 협조하게 하는 것이고 미국과 소련을 적대시하는 것으로는 조선 민족의 독립이 달성될 것이라고 믿지 않는다고 밝혔다. 여기서 독립은 통일 국가 수립을 가리킨다. 이것에 대해 미국은 즉각 이런 식으로 기록을 남겼다. "반스탈린 공산주의자라고 선언했던 조봉암이 친스탈린 편견을 보여 줬다."

그다음 날인 6월 13일, 조봉암이 주요 리더였던 무소속구락부에서 통일 문제에 관한 견해를 발표한다. 거기서 첫 번째가 뭐냐 하면 "우리는 조국의 남북 통일, 완전 자주 독립을 전취할 것을 최대의 임무로 한다", 이걸 명시했다. 단정 세력과는 명백히 다르다는 것을 뚜렷하게 밝힌 것이다.

조봉암은 30명으로 구성된 헌법기초위원회의 일원이었다. 그런데 헌법기초위원회에서 충분한 시간을 두고 얘기할 수가 없었던 모양이다. 그래서 조봉암은 헌법기초위원회 위원으로서 자신의 주장을 담은 상당히 긴 자료를 따로 만들어서 발표했다.

거기서 대한민국이라는 국호를 쓰는 건 부당하다고 이야기했고, 국민이라고 하지 말고 인민이라고 해야 한다고 했는데 이 말도 의미가 있다. 그뿐 아니라 '인민의 권리, 의무에 대하여'라는 장을 따로 만들고 '남조선에서는 경찰이 구실을 마구 붙여서 양민을 유치장에 넣을 수 있기 때문에 신체의 자유에 대한 제한은 법률로 정해야 한다'고 주장했다. 당시 헌법에서는 양심의 자유로 통과됐는데, 조봉암과 몇 사람은 '양심의 자유라는 표현은 애매하다. 무의미한 수사다. 당연히 사상의 자유라고 구체적으로 표현해야 한다. 사상의 자유는 신흥 국가의 인민에게 절대적으로 보장돼야 한다'고 역설했다. 이 부분은 아주 중요하다. 사상의 자유가 헌법에 명시되면 국가보안법 논리는 존재하기 어렵지 않나. 이와 함께 조봉암은 노동자 계급의 권익을 보호하는 특별한 조항이 헌법에 들어가야 한다는 걸 강조했다.

조봉암이 5·10선거 직후 한 행동을 보면 이승만, 한민당과는 명백히 다른 노선을 걸으면서 현실 정치에서 최선의 길을 나름대로 가려 했던 것 아닌가, 이렇게 이야기할 수 있다.

이승만 정부에 들어가고
친이승만 단체에서 활동한 이유

— 조봉암 등이 강조한 사상의 자유는 1948년 8월 15일 정부 출범을 선포한 후 제대로 보장되지 않는다. 이를 상징적으로 보여주는 것이 그해 12월 1일 공포된 국가보안법이다. 국가보안법은 제헌 국회에서 "속담에 고양이가 쥐를 못 잡고 씨암탉을 잡는다는 격으로 이 법률을 발표하면 안 걸릴 사람이 없을 것"(조헌영 의원)이라는 비판이 나오고 검찰총장조차 "가벼운 매로 대할 사안을 도끼로 대응하는 것 같아 너무 무겁다"고 우려

할 정도로 제정 당시부터 여러모로 문제가 많은 법이었다. 그
럼에도 극우 반공 세력이 "보안법 폐기 주장은 공산당을 돕는
행위"라고 강변하며 힘으로 밀어붙여 이 법을 만들었다. 그 후
많은 사람이 우려한 대로 국가보안법은 조봉암을 비롯한 숱한
'씨암탉'을 희생시키며 오늘날까지 한국 사회에 어두운 그늘을
드리우고 있다. 다시 돌아오면, 조봉암은 해방 후 방향 전환과
5·10선거 참여에 이어 이승만 정부에 입각하며 또 한 번 세간
의 관심을 모았다. 5·10선거 참여 문제 등과 마찬가지로 이승
만 정부에 들어간 것 역시 논란이 많을 수밖에 없는 사안 아니
었나.

이승만 대통령이 초대 내각을 발표할 때 조봉암은 농림부 장
관으로 입각해 또 세상 사람들을 놀라게 했다. 이승만 초대 내각에
서 가장 눈에 띄는 게 있다면 조봉암이 농림부 장관이 된 것이었다.
조봉암은 예전에 저명한 공산주의자이지 않았나. 그리고 당시에는
농림부 역할이 굉장히 중요할 수밖에 없었다. 내무부와 함께 제일
중요한 부서라고 볼 수 있었다. 내무부는 경찰을 장악하고 있어 제
일 힘이 있는 부서였고, 농림부가 그다음으로 중요하다고 할 수 있
었다. 그런데 조봉암이 거기에 참여했다는 것에 많은 사람이 놀랄
수밖에 없었다.

이승만이 조봉암을 농림부 장관에 발탁한 데에는 몇 가지 이
유가 있을 것이라고 본다. 토지 개혁을 안 할 수가 없었고, 한민당
과 이승만이 사이가 나쁜 상황에서 한민당을 견제하고 토지 개혁을
추진하도록 조봉암을 발탁했다고 보는 견해가 있다. 한민당과 조봉
암은 사이가 보통 나쁜 게 아니지 않았나. 그렇지만 이것보다도 어

조봉암과 이승만

쩌면 더 구체적인 이유가 있지 않았나 싶은데, 뭐냐 하면 그 당시 198명의 국회의원 가운데 3분의 1에 해당하는 60여 명이 무소속구락부를 구성하고 있었다. 이 사람들은 발언권이 강했다. 당시 민족적인 요구에 부응하는 발언을 많이 했기 때문에 여론의 지지를 강하게 받고 있었다. 이승만은 무소속구락부를 대표하는 조봉암하고 윤석구(체신부 장관), 이 두 사람을 끌어들임으로써 무소속구락부도 자신을 반대하지 않도록 하려고 했다고 분석한다.° 그런데 두 가지 다 이승만의 의도와 조봉암의 의도는 차이가 있었다.

— 어떤 차이가 있었나.

윤석구도 그렇고 조봉암도 그렇고 입각한 이후에는 무소속구락부에서 이탈했다. 무소속구락부 이 사람들의 주류가 나중에 소장파가 되는데, 무소속구락부 의원들이 다른 일부 의원들과 합쳐서 소장파로 불리며 제헌 국회를 한동안 주도하지 않나. 그해 11~12월부터 이듬해인 1949년 6월까지를 소장파 전성시대라고까지 부를 정도로 소장파가 제헌 국회 여론을 장악했다. 주요 입법을 이 사람들이 많이 했다. 그런 상황에서 조봉암, 윤석구가 '이승만을 지지하라'고 한다고 해서 이 사람들이 그 말을 들을 리 없었다.

하여튼 조봉암, 윤석구는 무소속구락부 및 소장파와 그 후 관련을 맺지 않게 된다. 이게 또 조봉암이 살아남은 길이기도 했다. 그러면서 아까 질문에서 지적한 것처럼 조봉암은 이승만의 수족 같은 사람이던 윤치영 초대 내무부 장관이 들어 있었고 친여권 단체

• 무소속구락부 결성 직후 조봉암은 6명의 간사 중 하나로 선임됐다.

로 분류되던 이정회에 들어가서 활동하기도 하고, 조선민족청년단 (족청)과도 여러 관계를 맺고, 한때는 이승만을 지지하는 대한국민 당(국민당)에 들어가서 1950년 5·30선거 때는 국민당으로 입후보하는 모습을 보인다.

5·10선거에 참여했다고 해서 욕을 얻어먹은 조봉암이 왜 또 이런 친이승만적인 활동을 하는 것으로 오해를 받을 만한 활동을 하게 되는가. 그게 논란의 초점이다. 그런데 우선 그걸 생각해야 한 다. 한민당 내부가 다 그렇지는 않았지만 그래도 한민당은 비교적 내부 결속력이 있었다. 그런 한민당과 조봉암은 빙탄불상용氷炭不相 容(얼음과 숯처럼 성질이 정반대여서 서로 용납하지 못하는 것) 관계였다. 양자 는 도무지 화해할 수 없을 정도로 사이가 안 좋았다. 그때까지 양쪽 이 내놓은 주장이 쭉 그랬다. 그런데 이정회, 국민당, 족청은 한민 당과 달랐다. 내부가 일사불란한 조직으로 돼 있지도, 내부 결속력

조봉암과 이승만

이 강하지도 않았다. 잡동사니 그룹 비슷한 면모가 없지 않아 있었다. 이승만을 지지한다는 막연한 것을 빼놓고 보면 그랬다. 사실 여기 속했던 사람들이 언제나 이승만을 확고하게 지지했던 것도 아니었다. 그건 대한독립촉성국민회도 비슷했던 것인데, 하여튼 느슨한 조직들이었다. 그래서 조봉암이 피신해 있기가 좋았던 조직이 아니냐, 난 그렇게 본다.

족청 같은 데는 성격이 복잡했다. 극우들이 많이 들어간 것으로도 볼 수 있지만, 나중에 족청 일부는 혁신을 부르짖고 4월혁명 시기에는 혁신계에서 일부 활동하기도 한다. 이범석이 이끄는 족청이라는 울타리 안에 여러 세력이 들어가서 도생하며 자신의 정치생명을 유지하고 힘을 키우려 했고, 그렇기 때문에 주류인 이범석 세력만이 아니라 여러 세력이 족청에 들어가 있었다고 볼 수 있다. 사실 이범석 지지 세력도 좀 복잡했다. 그런 것들이 조봉암이 족청과 정치적 관계를 맺는 하나의 틈을 준 것이 아니냐고 볼 수 있다.

이승만과 엇갈리고
한민당과 충돌한 조봉암의 농정

── 해방·분단 이야기 마당 중 농지 개혁 부분에서 짚은 것처럼, 농림부 장관 조봉암의 토지 개혁 구상은 이승만의 그것과는 차이가 있지 않나.

농림부 장관이 된 조봉암이 이승만 대통령과 협조적인 관계를 맺느냐, 이승만 대통령을 뒷받침하는 역할을 하느냐 하면 그렇지 않았다. 그런 데에서 문제가 생기고 거기에 조봉암의 위치가 있었던 것이다.

조봉암은 제헌 국회에서 헌법을 심의할 때 '토지를 반드시 지주에게서 박탈해 농민에게 나눠줘야 한다. 산림도 그렇게 해야 한다'고 강조했다. 이승만이 생각한 토지 개혁을 훨씬 뛰어넘는 생각을 갖고 있었다.[•]

무엇보다도 농민들, 농민 단체들, 지방에 있던 농민 지도자들 이런 쪽과 자주 대화하고 관계를 맺는 걸 볼 수 있다. 전국 여러 지역을 순회하면서 농정 관계자 및 농민들과 지속적으로 대화했다. 그리고 토지 개혁을 구체화하고 그 시안을 만들기 위해 농림부 팀은 1949년 정초부터 주요 도시에서 공청회를 열었다. 농업, 임업 계통 종사자들이 여기에 참석하도록 하면서 상당히 농민적인 토지 개혁안을 내놨다. 우선 당시 농민들이 굉장히 못살았기 때문에 1년에 수확량의 20퍼센트 이상을 물려서는 안 된다고 생각했다. 20퍼센트면 당시에 낮은 것이었다. 그리고 '너무 오랫동안 내는 것도 사람들이 싫어하는 것 같더라. 그러니까 20퍼센트씩 6년 납부하게 하는 게 좋다'며 농민에게는 1년 수확량의 120퍼센트를 부담하게 하고 지주에게는 150퍼센트를 보상할 계획을 세웠다.[••] 예전에 농지 개

[•] 입각 제안을 받았을 때 조봉암은 무상 몰수, 무상 분배 방식, 즉 농민 중심으로 토지 문제를 해결하겠다는 뜻을 이승만에게 전하고 양해를 구한 후 입각을 결정했다. 조봉암이 농림부 장관을 맡게 되자 우익 청년단원들은 차마 이승만에게는 직접 항의하지 못하고 "왜 공산당을 입각시켰느냐"며 이승만의 비서 집을 습격했다고 한다.

[••] 이 시기에 조봉암이 국회에서 한 다음 발언은 농지 개혁에 대한 생각을 잘 보여준다. "소작 제도라는 이 수천 년 내려오는 제도를 고치자는 것이에요. 없애버리자는 것이에요. 이것이 개혁이에요. 개혁이란 그렇게 무서운 것도 아니고 어려운 것도 아닙니다. 그 문자가 결코 무서운 문자가 아니에요. 그런 까닭에 소작 제도를 없애고 우리나라의 봉건적인 사회 조직을 근대적인 자본주의 제도로 발전시키기 위한 노력이올시다."

혁을 다룰 때도 이야기했지만, 물론 이승만은 이건 있을 수 없다는 태도를 취했다.

토지 개혁 문제 외에도 조봉암은 농민들의 활동을 활성화하기 위한 여러 방안을 강구했다. 협동조합을 육성·장려하고, 농민이 직접 교육받고 실천할 수 있는 농사 훈련 기구 같은 것을 창설하려 했다. 양곡 매입 같은 데서도 이승만 정부와는 동떨어지게 강요가 아닌 자발성을 중시했다. 이 당시 양곡 매입은 대단히 중요한 사업이었다. 도시민이 그걸로 먹고살아야 했기 때문이다. 조봉암은 여기서 농민의 자발성을 중시했다. 그리고 초기에 조선공산당을 같이 했던 김찬을 사장으로 앉히고 농업학자 인정식을 편집국장으로 한 농림신보도 창간했다.

— 농민을 중심에 둔 조봉암의 농정은 오래가지 못했다. 취임한 지 반년 만에 조봉암은 농림부 장관에서 물러나게 된다. 어찌하다가 그렇게 된 것인가.

이승만이 이런 것들을 용납할 리 없었다. 농지 개혁안은 국무회의에서 일축을 당했고, 농업협동조합법은 기획처로 돌려져서 영원히 국회에 나오지 못했으며, 양곡 매입과 관련해 조봉암 자신도 모르게 강권 발동령이 내려졌고, 신문 창간 건은 대통령이 승낙했다가 보류를 지시했다. 그래서 뭐 하나 된 게 없었다.

조봉암의 정치적 생명을 직접 위협한 것은 감찰위원회에서 조사한 독직 사건이었다. 감찰위원회는 조봉암이 관사 수리비 등으로 공금을 부당하게 유용했다고 하면서 이 사건을 대대적으로 여론화했다. 그러면서 이 사건이 검찰에까지 넘어가고 그랬다. 감찰위원회 배후에는 한민당이 있었다. 이 때문에 한민당이 농림부 장관 조봉암을 때려잡으려는 것 아니냐는 이야기가 나돌았다. 1949년 2월에는 '농림부 장관을 파면에 처한다'는 발표까지 감찰위원회가 했다. 사실 감찰위원회에 그런 권한이 있다고 볼 수 없는데도 그렇게 했다.

그해 2월 21일 이승만 대통령의 권고에 의해 조봉암은 사표를 제출하게 된다. 독직 사건 때문에 사표를 낸 것이 아니라 조봉암이 농민들에게 양곡을 자유롭게 팔 수 있고 팔지 않아도 무방하다고 수차례 연설한 것, 양곡 매입에 강권을 발동하는 것은 조봉암 자신의 의사와는 배치된다고 한 것 때문에 사표를 제출했다. 즉 대통령과 다른 의견을 주장하고 다녔다는 것, 이게 대통령의 권고사직 이유였다.

이 독직 사건에서 조봉암은 1심, 2심, 3심 모두 무죄 판결을 받았다. 하여튼 조봉암은 돈 문제 때문에 일제 때도 문제가 있었는데 또 돈 문제가 생긴 것이다. 이건 나중에 진보당 사건 때 또 생긴다.

농민·노동자 정당 추진하자
간첩단 사건 터트린 이승만 정권

조봉암과 이승만, 다섯 번째 마당

김 덕 련 1949년 2월, 조봉암은 반년 만에 농림부 장관에서 물러났다. 그 후 어떤 활동을 하나.

서 중 석 농림부 장관에서 물러난 조봉암이 한민당의 후신인 민국당과 정면으로 충돌하는 사건이 생겼다. 헌법을 만들 때 처음에 한민당은 무소속구락부 소속 의원들과 마찬가지로 내각 책임제를 주장하다가 이승만의 강력한 요구로 대통령 중심제로 바꿨는데, 그 후에도 내각제를 몇 번 주장하다가 드디어 1950년 1월 내각제 개헌안을 제출했다. 이 내각제 개헌안에 대해 가장 신랄하게 비판하고 나선 의원이 조봉암이었다. 아주 기다란 연설을 했다. 민국당의 내각제 개헌안은 백지 투표라는 희한한 방식으로 부결됐다. 다시 말해 '누가 반대하는지를 뚜렷하게 보여주기 위해 내각제 개헌안 반대파는 아예 백지 투표를 해버려라', 어떻게 될지를 모르겠으니 이런 지시를 내렸을 터인데 이것이 온당한 태도는 아닐 것이다. 어쨌건 이때 조봉암이 어떤 역할을 했을 수도 있다.

조봉암이 민국당의 내각제 개헌안을 공격한 내용을 보면, 상당히 의미심장하다. 조봉암이 이승만 쪽을 지키기 위해 내각제를 그렇게 강하게 비판했다고 보기 어려운 내용이 많다. 자신은 처음부터 내각제 개헌을 추진한 사람이지만, 민국당이 부패한 일당 전제 정치를 획책하기 위해 내각 책임제 개헌을 하려 하기 때문에 민국당의 내각 책임제 개헌은 절대 반대한다는 논리를 조봉암은 편다. 부패한 일당 전제 정치, 미군정 3년 동안 바로 한민당이 그런 짓을 하지 않았느냐고 역설한다.

그런데 돌려서 생각하면 이건 이승만 쪽도 그렇게 가고 있지 않느냐는 비판이 될 수도 있었다. 이때 조봉암은 한민당-민국당이

초대 농림부 장관으로 임명된 조봉암이 1948년 8월 첫 각료 회의에서 발언하는 모습. 조봉암은 현실에 참여하고 자기 목숨, 정치적 생명은 살리면서 주장할 것은 또 다하는 방식으로 임했다.

"대한민국의 국시로 반공 정책을 세운 걸 기화로 해서 자기 정당 이외의 다른 정당이나 자기 당파 이외의 다른 사람들을…… 모두 공산당 혹은 빨갱이라고 하는 것으로 능사를 삼고 그렇게 하는 것으로써 자기의 반대파를 제압하는 것을 기본 정책으로 하고 있다" 고 비판했다. 이어서 "국회 내에서는 한민당 이외의 사람들은 빨갱이라고 둘러쓸까봐 두려워서 전전긍긍하고 있던 사실도 우리가 눈으로 보았고 그런 모함에 빠질까 두려워서 일부 사람은 고의로 한민당에 입당"까지 했다고 강조했다. 그러면서 조봉암은 "지금 국민은 살 수가 없다. 먹지 못해 살 수 없고, 압박에 못 견뎌 살 수 없고, 마음이 불안해서 살 수 없다", 이렇게 토로했다. 이게 한민당-민국당만 비난한 것이겠는가. 사실은 이승만 정부를 그대로 비판했다고 볼 수 있다.

역시 조봉암다운 곡예다. 현실에 참여하고 자기 목숨, 정치적 생명은 살리면서 주장할 것은 또 다하는 방식으로 이 사람은 임했다. 이걸 정치적 곡예라고도 볼 수 있는데, 조봉암이 아닌 다른 사람은 이런 일을 할 수 없다는 데 특색이 있다. 그러니까 조봉암이 또 비난을 받을 수도 있지만, 조봉암 입장을 가만히 보면 이것 외에는 살아날 방법이 없지 않았느냐, 이렇게 볼 수도 있다. 조봉암은 그렇게 곡예를 하면서도 변질되지 않았고 자신의 주장은 또 강력하게 폈다.

조봉암이 국회 프락치 사건에
걸려들지 않은 이유

— 1949년 5~6월 국회 프락치 사건, 경찰의 반민특위 습격, 김구 암살 사건이 연이어 벌어진다. 이승만 정권의 '6월 공세'로도 불리는 이러한 격동 상황에서 조봉암은 어떻게 희생되지 않고 살아남을 수 있었나.

조봉암 이 사람의 성향으로 봐서는 국회 프락치 사건에 딱 걸릴 만했다. 그런데 그 사건에 걸리지 않았다. 국회 프락치 사건을 비롯한 수많은 좌익 사건 및 국민보도연맹을 만드는 데 중요한 역할을 한 것이 사상 검사 오제도인데, 조봉암이 오제도에게 한 말에 따르면 1949년 3월에 소장파 의원들이 외군 즉시 철퇴 진언서 연판장에 서명해달라고 조봉암에게 왔다고 한다. 그런데 조봉암은 그걸 하지 않았다. 이것 자체에 찬성한다, 반대한다를 떠나서 여기에 서명 날인을 했다가는 죽을 수 있다고 판단했기 때문에 조봉암이 그랬을 것이라고 난 본다. 왜냐하면 조봉암을 죽이려는 세력은 많았다. 국회 프락치 사건에 대한 미국 자료를 보면, 이승만 정권이 반대파 문제를 이 사건으로 처리하고 있다고 봤다. 정치적 사건으로 본 것이다. 지금 서울시장을 하고 있는 박원순 변호사를 포함해 많은 연구자들이 '이 사건은 문제가 있다. 조작된 것이다', 이렇게 보고 있다.

국회 프락치 사건 판결문을 보면 조봉암이 이렇게 말한 것으로 쓰여 있다. "외군 철퇴 주장이 민족 자주성으로 타당해 보여도 공산당 마수에 이용될 수 있어서 반대했다." 상당히 묘한 논리인데 그렇게 표현한 것으로 돼 있다. 어쨌건 국회 프락치 사건에 걸리지 않고 조봉암은 살아남았다. 그러면서 1950년 5·30선거에 대한국민당으로 나왔지만, 이것은 외피에 지나지 않고 조봉암은 자기 원칙에 따라 정치적 행로를 정했다. 5·30선거 후 신익희가 국회 의장이 되고 조봉암과 장택상이 국회 부의장으로 선출됐다. 그러면서 조봉암이 이제 국회 부의장으로서 명성을 쌓게 된다.

— 이 시기 조봉암의 정치 곡예를 살펴보면, 살아남기 위해 불가피했다고 볼 수 있는 측면과 함께 '한민당과 그 후신보다는 지금으로선 그래도 이승만이 낫다'고 여긴 측면도 있지 않았나 하는 생각이 든다. 그렇지만 몇 년 후 조봉암은 한민당의 후신인 민국당을 포함한 야당 세력이 반이승만 연합을 추진할 때 그 흐름에 함께하려는 모습을 보인다. 이 두 가지는 충돌하는

것 아닌가 하는 의문이 든다.

그건 조봉암과 관계없이 이뤄진 것이다. 그때 조봉암은 외곽에 있었고, 야권 연합 움직임이 일면서 민국당 내에 두 세력이 나타나게 된 것이다. 조봉암을 절대 받아들여서는 안 된다는 세력과 받아들이자는 세력, 이렇게 두 세력이다. 그리고 정치 세력이라는 건 때에 따라서 바뀌는 것이다. 조봉암이 정치 곡예를 해서 살아남은 것도 결국은 이승만과 대결하기 위해서다, 이렇게 볼 수도 있는 것이다.

원내 자유당과 원외 자유당,
둘 다 이승만 지지 정당? 혼동은 금물

── 5·30선거 직후 한국전쟁이 터지면서 국회도 새로운 상황에 놓이지 않나.

2대 국회는 전쟁 국회이기도 하다. 전쟁이 전선에서 치열하게 전개되고 있었지만 정치는 정치대로 또 많은 변화가 있었다. 1951년에는 새로운 정당 만들기 운동이라고 볼 수 있는 움직임이 일었다. 많은 의원들이 근대적 정당, 제대로 된 정당을 만들자는 논리를 폈는데 그건 내각제에 적합한 정당이라고 이야기할 수도 있다. '우리한테 정당다운 정당이 있었느냐', 그들은 그런 이야기를 한 것이다.

사실 해방 직후 조선공산당이 그렇게 셌고 여운형의 조선인민

　　　　　　　　　　　　　　　　　조봉암과 이승만

당도 있긴 했지만, 이런 당들은 해방 직후의 상황을 많이 반영한 정당이었다. 남로당도 마찬가지였다. 한민당이 우파 정당으로서 명료하게 지주, 부르주아를 대변하고 친일파 처단을 반대한 당으로 뚜렷하기는 했다. 그렇지만 그 당시 사람들 가운데 일부는 한민당을 근대적 정당으로 보지 않았다. 그 세력들이 뭔가를 좌지우지하기 위해 만든 당 아니냐, 이런 식으로 봤다. 김구, 조소앙의 한독당이 명분은 셌지만, 한독당도 '근대적 정당이 맞냐'는 이야기를 듣고 그랬다. 독립 운동을 하기 위한 당 아니냐는 것이었다. 그리고 조선인민당은 통일 정부를 수립하기 위한 당 아니냐는 이야기를 들었다. '정당의 본래 지향하고는 차이가 있다', 이런 비판이었다. 그런 분위기였는데, 1951년 여름이 되면 세 갈래로 급속히 당을 추진하는 움직임이 나온다.

— 세 갈래는 각각 어떤 것이었나.

하나는 나중에 원내 자유당으로 불리는 것이다. 5·30선거에서는 전체 210석 중 무소속이 무려 126명이나 당선됐다. '내각 책임제로 개헌해 책임 정치를 구현하자. 그렇게 하기 위해 정당다운 정당을 만들자', 당시 국회의원들의 압도적 다수가 이 주장을 했다. 처음에는 당명이 없어 신당으로 불리다가 나중에, 그러니까 1951년 12월에 자유당으로 등록해 원내 자유당으로 불렸다. 이쪽은 국회의원을 100명 정도나 끼고 있었다.

그다음은 나중에 원외 자유당으로 알려진 정당인데 이 정당은 사실 이승만의 지시에 의해 만들어졌다. 이승만은 1951년 8·15 담화를 비롯한 몇 차례의 담화에서 "정권을 잡기 위해서 사당을 만드는 것은 아니다"라는 묘한 논리를 펴면서 전국적인 큰 정당을 조직하겠다고 밝혔다. 또 이승만은 "노동자, 농민, 기타 근로 대중 중심으로 정당을 구성하되 전체주의자나 압제자의 수중에 정부가 들어가지 않도록 보장하겠다"고 언명했다. 노동자와 농민, 기타 근로 대중 중심으로 당을 만든다는 말은 국민회, 대한부인회, 노총, 농총, 청년회를 가지고 당을 만들라는 이야기이기도 했다. 우리나라 국민이 다 들어가는 게 국민회이고 기혼 여성이 다 들어가는 게 부인회이고 노동자가 다 들어가는 게 노총이고 농민이 다 들어가는 게 농총이고 청년이 다 들어가는 게 청년회라고 한다면, 사실 원외 자유당으로 나중에 알려지게 되는 이 신당은 국민들을 중복해서 끌어넣으려 한 당이라고 할 수도 있다. 그러나 실제로 이 단체들은 이승만을 총재로 한 이승만 직속 부대라고 할까, 어용 단체라는 이야기를 들었다. 대한부인회는 한때 대통령 부인 프란체스카 도너 리가 총재를 맡기도 했다. 그리고 이 단체 구성원들도 원외 자유당에 다 들어온 게 아니다. 여기도 파벌이 복잡해서 일부 세력만 들어왔다.

이 단체들을 중심으로 해서 당을 만들라고 했지만 이것으로는 강력한 조직이 안 될 것 같으니까 이승만은 주중 대사로 있던 이범석을 결국 불렀다. 우파에서 강력한 조직을 갖고 있던 건 이범석이 만든 족청밖에 없었기 때문이다. 그 당시 족청이 말로는 100만이라고 했지만 그건 말이 안 되는 엉터리 숫자다. 해방 직후나 그 이후 발표된 숫자는 대부분 그대로 받아들이면 안 된다. 그 실체를 분석해야 한다. 그렇지만 족청이 10만 명 정도는 끼고 있지 않았을까 싶다. 미군정이 족청을 굉장히 지원했다. 자금도 많이 줬다. 그렇기 때문에 어느 단체보다도 조직적으로 풍부한 자금을 가지고 많은 조직원을 이끌 수 있었다. 그러나 원외 자유당 계열 국회의원으로는

1950년 국군 평양 입성 환영 대회에서 연설하고
있는 조봉암. 당시 그는 국회 부의장 신분이었다.
사진 출처: 국가기록원

다섯 번째 마당

양우정 한 명이 있었다. 다만, 나중에 다른 한 명이 들어갔다 나왔다 했는지 당시 신문에 2명으로 나온 경우도 있다. 그러니까 국회의원의 압도적 다수는 원외 자유당이 아니라 나중에 원내 자유당으로 알려진 거기에 들어가 있었다.

── 예전에 한국 정치사 관련 글들을 볼 때 원내 자유당과 원외 자유당 구분이 명확하지 않았던 서술이 있었던 것이 기억난다.

원내 자유당과 원외 자유당에 대해서 수십 년간 많은 정치학자가 혼동을 일으켰다. '다 이승만을 지지하는 당으로서 두 당이 하나로 합치려고 했다', 그런 식으로 책을 쓰고 가르치고 그랬다. 심지어는 이 부분에 대해 좋은 논문이 발표된 1990년대 중반 이후에도 이런 주장을 한 사람들을 볼 수 있다.

이 두 당은 크게 다르다. 사실 1952년 부산 정치 파동이 일어나는 것은 원내 자유당 쪽에서 내각 책임제 개헌을 하려고 함과 동시에 장면을 대통령 또는 내각 책임제의 총리로 추대하려 한다는 것과 관련 있다. 그것이 부산 정치 파동이 일어나는 직접적인 이유가 된다. 이승만은 이들이 장면을 대통령으로 추대하려 한다고 믿고 있었다. 이승만은 다른 사람이 권력을 쥐는 것을 절대로 용납하려고 하지 않았다. 이승만은 내각 책임제를 분명하게 반대하는 사람이었다. 대통령한테 권력을 줘야 그게 말이 되느냐, 그런 태도를 취했다. 이 사람은 모든 정치를 자기 지시에 따라 자기중심으로 해야 한다는 생각 때문에도 대통령 중심제를 강하게 주장했다. 그 점에서도 원내 자유당과는 같이할 수 없었다.

다만 원내 자유당에는 삼우장파가 들어 있었다. 이갑성을 대표로 하는 이 파는 이승만 지지파였다. 그렇지만 이 파도 내각 책임제를 주장했기 때문에 원내 자유당에 들어간 것이다. 이처럼 원내 자유당은 사실 이승만의 의도와는 동떨어진 당이었다. 하지만 국회의원을 워낙 많이 끼고 있었기 때문에 이승만이 '원내 자유당과 원외 자유당을 합쳐라', 이런 이야기를 몇 번 했다. 그러나 원내 자유당 쪽에서 응하는 시늉은 했지만 진정으로 응할 생각은 없었다.

나중에 제2공화국이 들어서 장면 정권이 출범할 때 그 핵심이 되는 사람들이 이때 원내 자유당을 한 사람들이다. 원내 자유당의 핵심 인물이 오위영이었는데, 이 사람은 장면 정권 때도 제일 핵심 인물이라고 하지 않나. 어쨌건 자유당이라는 같은 말을 쓰고 있다는 점 하나 때문에 원내 자유당과 원외 자유당 양자를 혼동해서는 안 된다.

농민·노동자를 기반으로 한
새로운 정당을 추진한 조봉암

— 새로운 정당을 만들려는 세 번째 흐름은 어떤 것이었나.

이 두 개의 신당 조직 작업 말고 또 하나는 조봉암 쪽에서 나왔다. 조봉암도 신당을 만들려고 했다. 사실은 이승만도 정부 수립 직후부터 자기 당을 만들려고 몇 번 시도했으나 실패했다. 조봉암도 1949년에 한때 족청과 연합해 당을 만들려고 했었다. 그런데 족

• 삼우장이라는 곳에서 모여 삼우장파라는 이름이 붙었다.

청 상당수가 '조봉암은 문제가 있다'고 하면서 깨졌다.

조봉암은 대중 정치뿐만 아니라 정당 정치, 의회 정치를 중시한 사람이었다. 그렇기 때문에 정당이 얼마나 중요한지를 잘 알고 있었다. 조봉암은 1951년 6월, 농림부 장관 때 비서였던 이영근을 책임자로 한 신당 사무국을 출범시켰다. 이 신당 작업은 상당한 진전이 있었다. 1961년 5·16쿠데타가 나기 전까지 우리나라의 혁신 정당 중에는 농민, 노동자를 기반으로 한 당이 없었다. 그건 진보당도 마찬가지라고 볼 수 있다. 그 이유 중 가장 중요한 것으로 진보당의 경우 이승만 정권이 그것을 결코 용납하지 않았던 것을 들 수 있다. 1960년 4월혁명 이후 생긴 혁신 정당들은 그런 노력조차 별로 하지 않았다. 진보 정당은 농민과 노동자층을 기반으로 해야 한다고 누구나 말하지만 그렇게 하기가 어려웠다. 그런데 조봉암이 신당을 조직할 때는 그 노력을 상당히 했다.

── 구체적으로 어떤 노력을 했나.

일제 때 전국적으로 농회라는 큰 조직이 있지 않았나. 이게 해방 후에도 존속하다가 1951년 5월에 해산하는데, 해산 후 농회 조직을 바탕으로 1951년 10월에 농민회의가 소집됐다. 전국적인 조직이었다. 농민회의 창립 회의에 남한 180개 군 대표, 340명이 참석했는데 여기서 의장으로 조봉암이 선출됐다. 조봉암이 농림부 장관 시절 각지를 다니면서 농민들과 만나고 농업 정책을 논의했다고 지난번에 이야기했는데, 그런 것이 큰 기반이 됐던 것이다. 그렇기 때문에 농민회의 창립 회의에서 조봉암이 의장이 된 것이다.

그와 함께 친일파의 요람이라고 불리던 서울시경 사찰과에서

　　　　　　　조봉암과 이승만

만든 《사찰 요람》을 보면 노동계 간부도 많이 포섭한 것으로 돼 있다. 대한노총의 여러 간부 명단이 쭉 나온다. 이처럼 노동자 쪽도 부분적으로는 신당 쪽에 조직돼 있었다고 볼 수 있다. 물론 당시 노동계의 주력은 이승만을 절대 지지하는 대한노총이라는 어용 조직으로 돼 있었으니까, 신당 쪽의 조직 작업에 한계가 뚜렷하긴 했다. 그러나 어쨌든 간에 일부 노조 간부를 포섭한 것이 구체적으로 나온다. 아울러 조봉암은 원내 의원들한테 인기가 좋았는데, 의원 70여 명을 신당 조직에 포섭하려 했다고 돼 있다. 그런데 이 세 가지는 전부 현실에서는 이뤄질 수가 없었다.

이승만 정권, 조봉암을 겨냥해
대남 간첩단 사건을 터트리다

— 어떤 이유에서 그러했나.

우선 조봉암이 농민회의를 기반으로 하려 하자, 이승만 정권이 가만두지 않았다. 그런 상황이었으니 노동계 간부들도 참여하기가 쉽지 않았을 것이다. 그리고 의원들도 쉽사리 합류하려 하지 않았다. 인간 조봉암, 정치인 조봉암은 좋아했고 국회 부의장으로서 능력이 탁월하다고 인정했지만 '조봉암과 손잡았다가는 같이 나가떨어질 수 있다. 조봉암 뒤에는 항상 위험이 도사리고 있다'는 걸 인지하고 있었기 때문이다. 실제 당시 저명한 정치가들 중 몇 사람은 조봉암을 대단한 인물로 봤으면서도 결코 이 신당에 참여하지 않았다.

이승만 정권은 조봉암의 신당 추진 조직을 아주 박살을 내버렸다. 1951년 12월 초에 신당 준비 사무국 책임자 이영근을 체포했고, 잇따라 50여 명을 연행해 9명을 기소했다. 이게 대남 간첩단 사건으로 알려진 사건이다. 이름이 아주 이상하고 어색한데, 간첩은 전부 대남 활동을 하려고 내려오는 것 아닌가. 어쨌건 이걸 육군 특무대에서 발표했다.

그 내용을 보면 조봉암이 포섭했다고 볼 수 있는 사람들이 여기에 들어가 있었다. 우선 사상·정보 관계 경찰 책임자인 치안국 정보수사과장이 들어가 있었다. 정보수사과장은 아주 요직이다. 교육 훈련 책임자인 치안국 교육과장도 있었다. 어떻게 해서 이 사람들이 조봉암과 관계를 맺었는지는 알 수 없지만 두 사람 다 중경 임시정부에서 활동한, 경찰에서는 아주 보기 드문 경력의 소유자였다. 어쨌건 이 사람들은 간첩으로 몰렸다.

또 당시 이름이 꽤 알려져 있던 인물이자 보도연맹 전국 간사장이라는 중요 직책을 맡았던 김종원, 이 사람도 간첩으로 내몰렸다. 이 사람 못지않게 유명한 인물로 남로당 서울시당 간부였다가 전향해서 남로당 서울시당을 파괴하는 데 큰 공을 세운 홍민표도 여기에 포함됐다. 이 사람은 남로당이 70퍼센트라는 큰 비중을 두고 관리했던 서울시당을 파괴하는 데 커다란 역할을 했다. 그러면서 경찰에 채용돼 경감으로 올라간 사람인데, 대남 간첩단 사건으로 체포됐다. 이 사람들한테는 사형, 무기 징역, 5년 내지 10년 징역형이라는 중형이 구형됐지만 전부 다 무죄 판결을 받는 걸 볼 수 있다.

이렇게 해서 조봉암의 첫 번째 중요한 기획은 실패로 끝났다. 이승만 정권이 그걸 용납할 리가 없었다. 조봉암이 어떤 능력을 가진 사람인지를 이승만은 잘 알고 있었다. 그런 조봉암의 활동을 놔 둘 리가 만무했다.

전선에서 피 흘리는데
장기 집권 획책
부산 정치 파동, 그 부끄러운 민낯

조봉암과 이승만, 여섯 번째 마당

김 덕 련 1952년 악명 높은 부산 정치 파동이 일어나고 발췌 개헌을 통해 정부통령 직선제가 도입된다. 전선에서 장병들이 피 흘리고 도처에서 다수의 국민들이 전쟁으로 인한 고통을 온몸으로 감수하던 때, 후방에서는 최고 권력자의 집권 연장을 위한 우격다짐 개헌이 이뤄졌다. 그 후 정치 흐름에도 상당한 영향을 끼친 부산 정치 파동과 발췌 개헌을 찬찬히 되짚었으면 한다.

서 중 석 부산 정치 파동이 일어나는 배경은 말할 것도 없이 직선제 개헌안이다. 이승만 대통령이 직선제 개헌을 추진하게 된 건 국회에서 당선될 가능성이 전무하다시피 했기 때문이다. 이게 가장 직접적인 이유였다. 이승만 대통령은 직선제 개헌만 되면 자신이 영구 집권을 할 수 있다고 확신했던 것 같다.

그런데 직선제 개헌을 무리하게 발췌 개헌으로 해놓고 두 번째로 치른 1956년 정부통령 직선제 선거에서 그렇게까지 자신이 당할 것이라고는 이승만은 꿈에도 몰랐을 것이다. 그런저런 것 때문에 1960년에 엄청난 부정 선거가 자행되는데, 그게 이승만 정권의 몰락을 가져올 것이라는 걸 직선제 개헌을 추진할 때 이승만이 어떻게 알았겠나.

직선제 개헌은 그 후에도 한국 민주주의에서 굉장히 중요한 사태를 일으킨다. 박정희 대통령이 1971년 대통령 선거를 겪으면서 '직선제를 하는 한 장기 집권에 어려움이 있을 수 있다'는 것을 정말 뼈저리게 느끼고, 그러면서 유신 체제로 가게 되는 직접적인 요인이 되지 않나. 우리나라에서는 유신 체제와 그 유신 체제의 서자격인 전두환 신군부 체제가 상당히 오랫동안 지속되는데, 그때 주된 반독재 구호 중 하나가 직선제 개헌이었다. 직선제 개헌이 돼야만 민주주의가 된다고 하면서 1987년 6월항쟁 때 그게 주된 구호로 등장해 결국 직선제 개헌이 이뤄지지 않나. 이처럼 직선제 개헌은 우리 현대 정치사에서 참으로 파란만장한 내력을 지니고 있다.

인권 탄압에 제동을 건 국회와
독재 꿈꾼 이승만 대통령의 불편한 관계

— 개헌 문제를 짚으려면 이승만 대통령과 국회의 관계를 살필 필요가 있다. 어떠했나.

일각에서는 이승만 대통령이 처음부터 독재를 했다고 알고 있는데, 행정 독재를 한 건 틀림없다. 행정부를 강력하게 발동해 반공 체제를 강화하는 역할은 했다. 그러나 의회와 이승만 대통령의 관계는 그렇게 순탄하지 않았다. 우리나라가 대의제를 채택하고 있는 한, 의회와 순탄한 관계를 갖지 못한다는 것은 이승만이 독재하는 데 상당한 장애 요인이 될 수밖에 없었다. 제헌 국회에서도 1949년 국회 프락치 사건이 일어날 때까지는 이승만이 수세에 많이 몰렸다. 그뿐만 아니라 2대 국회에서도 이승만은 상당히 큰 어려움을 겪었다.

이승만이 강력한 통치력을 행사하는 것은 2대 국회 후기에 들어서다. 그러니까 1953년 휴전 협정을 맺을 무렵 권력의 뒷받침을 받으면서 거세게 일어난 북진 통일 운동 때부터 이승만의 의회 장악력이 점점 커지고 1954년 5·20선거에 의해 그야말로 이제는 다수당이 된 자유당을 좌지우지하게 된다. 그때는 자유당에서 족청계도 완전히 거세됐는데, 그러면서 수십 년 동안 대부분 거수기 역할을 하는 국회가 출현하게 된다고 이야기할 수 있다.

그 이전의 국회는 그렇지가 않았다. 예컨대 2대 국회는 전쟁 국회라고도 볼 수 있는데 전쟁 기간 동안 국회와 이 대통령 사이에 알력, 대결이 참 많았다. 예컨대 이승만 대통령은 전쟁이 일어난 직후 대전으로 피신하는데, 거기서 처음으로 국무회의를 소집해 '비상사태하의 범죄 처벌에 관한 특별 조치령'(비상 조치령)을 1950년 6월 28일에 만든다. 이것으로 굉장히 엄혹하게 '부역자'를 다스렸다. 중벌을 내렸는데 그것도 단심제로, 더욱이 증거를 충분히 확보하지 않아도 되는 형태로 처벌하게 했다. 국회의원들은 이게 아주 문제가 많은 나쁜 조치라고 보고 이걸 견제하려고 무척 애를 썼다. 가령 사형私刑금지법을 국회에서 통과시키기도 했는데, 법에 의하지 않고 반공 단체 같은 데에서 사람들을 좌익이라고 몰아붙이고 테러를 하는 등의 일을 금지하는 법이었다. 이승만 대통령이 처음에는 이것을 거부했다. 그런 속에서 비상 조치령 때문에 '부역자'들이 너무나 심하게 당하니까 국회에서는 1950년 9월 '부역 행위 특별 처리법'이라는 것을 통과시켰다. 그런데 이승만 대통령은 이것에 대해서도 거부권을 행사했다. 나중에는 이 비상 조치령을 아예 개정하거나 폐지하는 법률을 국회에서 또 통과시킨다. 이것에 대해서도 이 대통령은 또 강하게 반발했다. 이런 것들을 통해서도 국회하고 대통령은 대립했는데 그런 상황에서 국민방위군 사건, 거창 양민 학살 사건이 일어나면서 국회가 이승만 정권을 강하게 공박하게 된다. 그러면서 양자 간의 대립이 더 심화된다.

이런 가운데 이 대통령이 당시 헌법에 있던 대로 국회에서 대통령을 뽑으면 자신이 선출될 수 없다고 직접 느끼게 한 사건이 일어난다.

가 19, 부 143···
첫 번째 직선제 개헌안에서 처참하게 패배한 이승만

—— 어떤 사건인가.

부통령 보궐 선거였다. 초대 부통령 이시영이 국민방위군 사건을 보고 더 이상 참을 수 없다며 강력하게 반발·비판하고 1951년 5월 부통령직을 내놓지 않나. 그래서 그다음 부통령을 뽑아야 하는 상황이 됐는데 대결 국면에서 양쪽 다 사활이 걸린 문제였다. 이승만은 이갑성을 당선시키려 애를 많이 썼고, 반대파에서는 한민당 위원장을 지낸 사람이지만 이 당시에는 이승만과 날카롭게 대립하던 김성수를 내세웠다. 그런데 김성수가 당선됐다. 그러면서 김성수가 이승만을 아주 세게 비판했다. 이시영도 사사건건 비판을 많이 했고 김성수는 그보다 더 강하게 비판했으니, 이승만 기준으로 보면 부통령을 두 번 다 '잘못' 만난 셈이었다.

그렇기 때문에도 이승만 측에선 신당을 만들어서 국회도 장악하고 다음 대선도 안전하게 치르려 했는데 그것도 마땅치 않았다. 그런 상태에서 대통령 직선제 개헌안을 제출했다. 1952년 1월 18일 이 개헌안을 표결에 부쳤는데 가可 19, 부좀 143, 기권 1이었다. 전 세계 의회 정치에서 대통령이 내놓은 중요한 개헌안 중 이렇게 가가 적게 나온 게 있었을까 하는 생각이 든다.

더군다나 이승만 대통령인데 이렇게까지 적게 나올까 하는 생

1951년 5월 부통령 임명장을 받은 후 이승만 대통령과 나란히 앉은 김성수 부통령(앞줄 오른쪽). 당시 부통령 보궐 선거에서 이승만은 이갑성이 당선되기를 원했지만, 김성수가 당선됐다. 김성수는 이승만을 아주 세게 비판하곤 했다. 사진 출처: e영상역사관

각을 하는 사람들도 있을 것이다. 그건 지난번에도 이야기했지만 국회의원 대다수가 '내각 책임제로 가야 한다', 이렇게 생각하고 있었기 때문이다. 거기에는 이승만 대통령에 대한 견제가 암암리에 상당히 들어가 있었다. 그런 것도 있지만 '현실적으로 대통령 선거를 전국적으로 직접 하는 것이 지금은 어렵지 않느냐. 아직은 우리가 그런 선거 체제를 갖추지 못했다', 이런 주장도 나왔다. 그것도 상당히 설득력이 있는 것이, 얼마 후 지방 자치 선거를 하는데 시의원, 도의원 선거에서 서울특별시하고 경기도, 강원도는 제외했다.

─── 제외한 이유는 무엇인가.

전쟁 지구이기 때문이라고 정부는 설명했다. 그렇지만 가장 중요한 지역이 서울, 경기라고 볼 수 있지 않나. 이런 지역들이 제외될 만큼 전쟁이 계속되는 상태에서 어떻게 전국적인 선거를 일사불란하게 잘 치를 수 있겠느냐는 의견이 있었고, 또 직선제는 경찰이 개입하기가 더 쉬운 것이어서 공무원과 경찰의 개입을 부를 수 있다는 우려도 있었다.

그런데 당시 국회 속기록을 보면 내각 책임제를 주장한 이유 중 이런 것도 있다. 한 의원이 이렇게 발언한다. "지금 대통령 직선제를 하는 나라는 필리핀 정도밖에 없다." 왜냐하면 그때는 프랑스도 대통령 중심제가 아니었고, 미국은 간접 선거 형태를 띠고 있어 완전한 직접 선거는 아니지 않나. 그런 것 때문에 그 당시엔 대통령 직선제를 하는 나라가 별로 없었던 것 같다. 전 세계 문명국들이 대개 내각 책임제를 하고 있으니 우리도 그렇게 해야 한다는 주장이 있었는데, 거듭 이야기하지만 '이승만 독재를 견제하려면, 그런 대통령이 출현하지 않게 하려면 내각 책임제밖에 방법이 없지 않느냐', 이런 생각을 많은 국회의원이 했기 때문에 이런 결과가 나온 것이었다.*

---

* 제2차 세계대전이 끝난 후 프랑스에서는 샤를 드골이 임시정부 수반이 된다. 그러나 1946년 샤를 드골이 사임하면서 프랑스에는 내각 책임제 형태의 제4공화국이 등장한다. 1958년 알제리에 주둔하던 프랑스 군대가 일으킨 쿠데타를 수습하기 위해 샤를 드골이 정계에 복귀한다. 알제리 사태 수습 후 프랑스에서는 대통령의 권한을 대폭 강화하는 방향으로 개헌이 이뤄지며 제4공화국이 막을 내린다.

백골단, 땃벌떼, 민중자결단···
우격다짐 개헌을 위해 동원된 관제 민의

── 1952년 1월 18일 직선제 개헌안이 엄청난 표차로 부결됐을 때
이승만 대통령은 어떤 반응을 보였나.

이승만 대통령은 정말 대단한 사람이었다. 국회에서 압도적인
표차로 부결된 것에 눈 하나 깜짝할 사람이 아니었다. 국회에서 부
결될 것을 충분히 알았을 것이다. 다만 그렇게 압도적인 표 차이로
부결될 것까지는 생각을 못하지 않았을까, 그런 생각은 든다. 하여
튼 이 대통령은 최측근인 원외 자유당의 양우정을 불렀고, 일본에
가 있던 서북청년회의 문봉제도 귀국하게 했다.

그러면서 임시 수도이던 부산 일원에 백골단, 땃벌떼, 민중자
결단 이런 게 등장해 국회의원들을 막 협박하는 일이 벌어진 것이
다. '국회의원들은 민의에 따르라. 국회는 해산하라'고 하면서 각지
에 백골이 들어 있는 표시가 담긴 현수막이나 포스터에다가 국회의
원들을 협박하는 문구를 써넣고 그랬다. 이름도 참 유치해 보이는
데, 어쨌든 그런 이상한 단체들을 만들어서 막 협박하고 그랬다.

그런데 그것만으로 멈춘 게 아니라 지방 자치 선거를 4월과
5월 두 차례에 걸쳐서 했다. 4월에는 시읍면의회 선거를 했고, 5월
에는 앞에서 말한 세 군데(서울, 경기, 강원)는 제외하고 도의회 의원
선거를 했다. 이건 이 부분을 연구한 사람이면 누구나 쓰는 것인데,
민의를 동원하기 위해 그렇게 한 것이다.

이 대통령은 민의라는 걸 아주 중요시했다. 그 민의라는 것이
자신이 만드는 민의라는 것을 뻔히 알면서도 꼭 민의 형식을 취했

다. 그 점에서는 민주주의자인가 보다. 꼭 민의 형식을 밟아 일을 처리하는 형태를 취했다. 무슨 이야기냐 하면 '국회의원 너희들만 민의를 대변하느냐. 지방 의원들도 다 백성, 국민들이 뽑은 것 아니냐. 이 사람들 의견도 국회의원 너희들 의견과 똑같이 중요하다', 이런 방식이었다.

사실 지방 자치제 선거는 소장파들이 크게 역점을 둔 법안 중 하나였다. 그런데 이 대통령은 그걸 비토veto했다. 그러다가 법을 개정해 1949년 7월 지방자치법을 정식으로 공포했다. 그랬으면 그 법을 실시했어야 하는데, 그렇게 하지 않았다. 법을 무시하는 이러한 행위가 있을 수 있는 일인가 싶지만 실제로 이런 일이 상당히 있었다.

── 다른 사례로는 어떤 것이 있나.

헌법에 참의원을 두라고 돼 있었는데도 이승만 정권은 그렇게 하지 않았다.° 도대체 이런 정치를 무슨 정치라고 봐야 하느냐. 이 것도 나쁜 독재 정치의 하나 아니냐고 볼 수 있다. 하여튼 그런 일이 일어났기 때문에 여러 차례 문제가 됐는데, 이 지방 자치 선거도 이뤄지지 않다가 갑자기, 평시도 아닌 전쟁 중에 실시된 것이다.

그렇지만 지방 자치 선거는 한 번 하면 그다음에도 해야 한다. 그런 점에서 역사적 의미를 결코 무시할 수는 없다. 우리나라 민주주의 역사를 보면 참 이런 애달프다고 할까, 이상한 과정을 거쳐서

° 양원제에서 참의원은 상원에 해당한다. 1952년 발췌 개헌 후 참의원 조항이 헌법에 명시됐으나 이승만 집권기에는 한 번도 구성되지 않았다. 4월혁명 후 제2공화국 때 참의원이 생겼다가 5·16쿠데타를 계기로 사라진다.

민주주의가 제도화되는 모습을 볼 수 있다.

1954년에 우리 역사상 처음으로 정당 공천제가 실시되는데 그것도 비슷한 이유 때문에 생긴다. 한마디로 장기 집권, 독재를 하기 위해 정당 공천제가 생긴다. 그러나 정당 공천제는 정당제에서 진일보한 제도임이 틀림없다. 지방 자치제도 마찬가지다. 시행해야 하는 것이었는데 법을 무시하고 안 했던 것이다. 그러다가 이승만이 자신의 직선제 개헌안을 통과시키기 위해 이걸 실시한 것이다. 그런 의미에서 정치적으로 이용한 것이라고 볼 수 있고 결국 이승만 독재, 영구 집권 시도에 이용됐다는 아이러니가 있지만, 어쨌건 그런 걸 통해 한국의 민주주의가 제도화됐다고 이야기할 수 있다.

버스째 끌려가
국제 공산당으로 몰린 반공 투사들

— 한국 민주주의 제도에 담긴 그러한 우여곡절은 여러모로 생각할 거리를 던져준다. 어쨌건 그렇게 당선된 지방 의회 의원들도 백골단 등과 마찬가지로 실력 행사를 하나?

이제 이상한 사람들이나 깡패들만 머리에 질끈 띠를 두르고 데모한 것이 아니라 도의원들, 시읍면의원들이 부산으로 쳐들어와서 열심히 데모를 한다. '국회는 해산하라. 너희가 무슨 민의를 대변하냐', 이런 시위였다. 지방 자치 선거가 치러지는 4월에 가면서 정국은 급속히 바뀌기 시작한다. 우선 원내 자유당, 이때도 그렇게 불렸는데 그 원내 자유당과 민국당이 중심이 돼서 곽상훈 의원 외

122명(전체 123명)의 연서로 내각 책임제 개헌안이 국회에 제출됐다. 123명이라는 건 헌법 개정안을 통과시킬 수 있는 재적 의원 3분의 2보다 1명이 많은 숫자였다. 그러면 이제 내각 책임제 개헌안이 통과되는 것 아니냐, 이렇게 생각할 수도 있지만 그렇지가 않았다. 국회의원 1명은 권력이 얼마든지 빼낼 수 있는 것 아닌가. 그런 약점을 안고 있었다.

그러고 나서 장면이 국무총리에서 해임되고 그 후임으로 장택상이 바로 임명된다. 내각 책임제 개헌안이 제출되자마자 이 대통령이 3일 만에 바로 조치를 한 것이다. 장택상은 머리 회전이 굉장히 빠르기로 유명한 사람으로 신라회라는 국회의원 조직을 갖고 있었다. 대략 20명을 끼고 있었다. 이 20명이 어느 쪽으로 가느냐, 바로 이것 때문에 이승만이 장택상을 국무총리에 임명한 것 아니겠나.

그러면서 이승만 정권은 부결된 대통령 직선제 개헌안을 약간 고쳐서 5월 14일 국회에 제출했다. 두 개의 개헌안이 국회에 상정된 것이다. 그리고 5월 24일 내무부 장관에 이범석을 앉힌다. 이범석은 그전부터 파시스트라는 이야기를 여기저기서 듣고 있었는데, 이범석이라는 사람이 어떤 사람인지 그 본때를 보여준 게 바로 이 시절이라고 이야기들을 한다.

— 이범석이 내무부 장관으로 임명된 후 어떤 일이 벌어졌나.

이범석을 내무부 장관에 앉힌 다음 날인 5월 25일 부산 지역에 비상 계엄을 선포했다. 이 비상 계엄이 사실은 크게 논란이 됐다. 당연히 육군 참모총장인 이종찬을 비상 계엄사령관으로 임명해야

1952년 5월 26일, 40명이 넘는 국회의원이 탄 통근 버스가 헌병대로 연행되는 수난을 당했다. 이건 회기 중 국회의원의 불체포 특권을 보장한 헌법을 위반한 행위였다.

했는데, 일제 때 만주군 중좌를 지냈고 안두희 재판 때 재판장이었던 원용덕을 계엄사령관으로 임명했다. 그렇게 된 건 이종찬이 군대 동원을 거부했기 때문이다. 대구에서 이종찬이 항명했다고도 볼 수 있는데, '군은 정치에 동원될 수 없다'는 명분을 내세우면서 계엄 선포에 동의하지 않았다. 군은 정치적 중립을 지켜야 한다는 회신을 이종찬이 전군에 돌렸다고 한다. 이종찬은 이것 때문에 아주 유명한 사람이 된다. 우리나라에서 정치적 중립을 주장한 훌륭한 군인이라고 해서 군에서 가장 존경받는 군인으로 오랫동안 꼽히게 된다. 이종찬이 그렇게 할 수 있었던 데에는 미군의 지지를 받았던 점도 작용했을 것으로 보고 있다.

5월 26일 그 유명한 부산 정치 파동이 본격화된다. 이날 국회의원들은 자기 차로 가면 불안하니까 통근 버스를 탔다. 그 인원은 자료마다 다른데, 옛날엔 50여 명이라고 했지만 지금은 40여 명으로 많이 나온다. 그런데 헌병들이 나타나 그 버스를 견인해서 헌병대로 끌고 갔다. 거기서 '누구누구 나와라', 이렇게 명단을 불렀다. 임홍순, 서범석 의원 같은 사람들이 바로 국제 공산당 관련 혐의로 구속된다. 곽상훈까지 10명을 구속하는데, 정말 반공 투사 중의 반공 투사로 알려진 사람들이었다. 곽상훈은 민주당 정부에서 국회의장이 되는 사람인데, 얼마나 유명한 반공 투사였나. 참으로 극단적인 반공 투사 아니었나. 그런데 이 사람들이 국제 공산당으로 몰려버리는 희한한 일이 벌어진 것이다. 국제 공산당이라는 명칭도 이상하다. 이 사건에서 외국인 공산주의자나 국제 스파이는 한 명도 안 나온다. 그런데 사람들에게 대단한 사건이라는 인상을 주려고 그런 이름을 붙인 것 같다. 국제 공산당 사건은 어떤 면에서는 1951년 조봉암의 신당 추진 조직을 겨냥했던 대남 간첩단 사건보다도 더 있을 수 없는 사건이었다.

이건 회기 중 국회의원의 불체포 특권을 보장한 헌법을 위반한 행위였다. 헌법을 유린한 것이다. 국회 동의도 없이 그냥 잡아가고 출석 부르듯이 명단을 불러서 구속한 것이다. 이때 원내 자유당의 오위영이라든가 엄상섭, 김영선, 나중에 장면 정권의 최고 핵심 인물이 되는 이런 사람들과 윤길중 등은 꼭꼭 숨어버렸다. 50명 정도 되는 국회의원들이 부산, 마산 일대에서 이리 뛰고 저리 뛰면서 숨어 다녔다고 한다. 아주 창피한 정치가 나타난 것이다. 그리고 오제도와 함께 국민보도연맹을 만든 유명한 사상 검사였고 장면이 국무총리를 할 때는 그 비서실장이었던, 그래서 장면 추대에 핵심적인 역할을 했을 것이라고 추측되는 선우종원은 얼마 후 일본으로 도피할 수밖에 없었다.

이승만 대통령에겐 이상한 성격이 있었다. 이 국제 공산당 사건에 대해 발췌 개헌 이후에도 몇 번에 걸쳐 담화를 발표한다. 이게 진짜라고 주장했다. 그 말을 누가 믿겠나. 하여튼 신익희 국회의장, 조봉암 국회 부의장이 이승만 대통령을 방문해서 '이렇게까지 할 수는 없다'고 항의했다. 미국 신문인 크리스천 사이언스 모니터는 사설에서 "전체주의 경찰국가에서나 볼 수 있는 쿠데타로써 그(이승만)의 정권을 영속화하려는 필사적인 노력이다", 이렇게 평했다.

이승만 축출 계획에서 발췌 개헌안까지…
미국은 어떻게 개입했나

— 오늘날 국회 본회의장 입구에는 이승만 대통령을 '의회 지도자'로 기리는 동상이 서 있다. 개인적으로 두 차례 기사를 쓴 적이 있는데 그 동상 명문銘文에는 사실과 아주 다른 내용이 있다. 대표적인 것이 "6·25 한국전쟁 당시 '국회의원들을 우선적으로 피신시켜야 한다'라고 국방장관에게 지시할 만큼 진정한 의회주의자셨다"라는 대목이다. 국회의원들을 우선 피신시켜야 한다는 지시를 했다는 주장과 달리, 이승만 대통령은 한국전쟁 발발 직후 국회는 물론 주변에 알리지 않고 은밀히, 먼저 서울을 떠났다. 그에 더해 "진정한 의회주의자"라는 미사여구를 무색하게 하는 모습을 초대 대통령 이승만이 많이 보인

• 선우종원은 4월혁명으로 이승만 정권이 무너진 1960년에 귀국할 때까지 일본에서 망명 생활을 한다.

것도 부인할 수 없는 사실이다. 국회의원들이 도망을 다녀야 하는 처지에 내몰리는 등 해괴한 모습이 곳곳에서 나타난 부산 정치 파동도 그걸 뒷받침하는 대표적인 사례다. 아울러 반공 투사들이 공산당으로 몰리는 풍경은 쓴웃음을 지을 수밖에 없게 만든다.

사태가 이렇게 되니까 국회의원들은 5월 28일 즉각 계엄 해제를 결의했다. 국회에서 이렇게 결의했으면, 특별한 이유가 없다면 계엄을 해제해야 했다. 언커크UNCURK(유엔한국통일부흥위원단, 1950~1973년에 있었던 유엔 위원단)에서도 계엄 해제와 구금 중인 국회의원 석방을 요구하는 성명서를 냈다. 그러나 이 대통령은 듣지 않았다. 초헌법적인 위치에 있었다고 할까. 그러자 5월 29일 김성수 부통령이 사임을 했다. 사임서는 이승만 대통령을 비난하는 보수 정치가들의 여러 글 가운데 이것보다 더 강한 어투로 비난한 것은 없다고 해도 좋을 만큼 아주 강력한 어투로 돼 있다.

그렇지만 이승만 정권은 군대, 경찰, 깡패, 청년단, 지방 의회 의원들을 동원해 국회를 계속 포위하고 국회의원들을 협박했다. 그런 속에서 6월 21일 악명 높은 발췌 개헌안이 국회에 제출된다. 발췌 개헌안이라는 건 뻔한 것이다. 앞에서 두 개의 개헌안이 상정됐다고 했는데 그 둘을 발췌해서 합쳐 났다, 이런 뜻이다.

누가 이런 꾀를 냈느냐. 이걸 갖고도 논란이 됐는데 '캐스팅보트를 쥐고 있던 장택상 국무총리다', 오랫동안 이렇게 이야기했다. 내가 1960~1970년대에 공부할 때도 대개 이렇게 쓰여 있었다. 그런데 허정을 비롯한 여러 사람이 회고록을 쓰고 자료를 남기면서 바뀌었다. 제일 정확한 건 허정이다. 왜냐하면 허정은 장면이 국무총리로서 외국에 나가 있을 때 국무총리 서리를 지내고 해서 유엔, 미군 쪽 동향을 잘 알고 있었다. 그런 허정의 기록이 가장 정확하다고 볼 수 있다. 허정은 '사실은 유엔 한국위원단 사무총장 메듀(프랑스인)가 나를 직접 찾아와서 정치 파동 수습책으로 발췌 개헌안을 제시했는데 이 발췌 개헌안은 존 무초 주한 미국 대사와 메듀 사무총장이 만든 것이다. 이 방식으로 처리하자는 식으로 들어온 것이고 그걸 장택상이 국회에서 통과시키도록 한 것이다', 이렇게 밝혔다. 장택상도 나중에 회고록에 "그 이면에는 공개할 수 없는 '국제적인 모종의 계책'이 있었다"고 썼다. 허정 말이 맞다는 이야기다.

─── 부산 정치 파동에 대한 미국 측 반응을 보면 엇박자 느낌이 든다. 이 시기에 이승만 대통령 축출 계획을 미국 측에서 세웠던 것으로 알고 있는데, 이건 발췌 개헌안 아이디어와는 결이 다른 것 아닌가.

이 당시 이 대통령이 하는 일이 너무 지나치니까 앨런 라이트너 미국 대리 대사는 이승만을 축출해야 한다는 생각을 강하게 갖고 있었다. 미군이 한때 쿠데타 계획안을 세워놓기는 했다. 그러나 이때는 전시였기 때문에 실제 주도권은 유엔군 사령관에게 있었는데, 마크 클라크 유엔군 사령관은 "정치 혼란이 더 악화돼 전쟁 수행에 지장이 생기면 가만있지 않겠다"는 성명을 발표하면서 국회를 압박했다. 당시 '신탁 통치를 실시할지도 모른다. 미군이 군정을 실시할지도 모른다', 이런 소문까지 나돌고 그랬다. 이런 것들은 이승만에 대한 협박이라기보다는 국회에 대한 협박이 아니었느냐고 볼 수 있다. 국회는 여러 측으로부터 협박을 받고 있었다.

6월 하순에서 7월로 가는 길목에 국회는 큰 어려움에 부딪히게 된다. 그러면서 대통령 임기가 언제냐 하는 논쟁이 일어났다.

의사당에 감금된 국회의원들, 화장실 가려다 뺨 맞은 국무총리

—— 임기 논쟁의 내용은 무엇인가. 요즘 기준으로 보면 선뜻 이해하기 어려운 문제다.

대통령 임기가 언제 끝나느냐, 이게 큰 쟁점으로 제기된 것이다. 개헌안을 언제 통과시키느냐에 따라서 대통령이 없는 공백기가 생겨날 수 있기 때문이었다. 그렇게 되면 국가 권력이 어떻게 되는 것인가, 이런 문제가 발생할 수 있었던 것이다. 조봉암은 당시 국회 부의장으로서 '대통령이 국회에서 선출된 1948년 7월 20일 이때부터 대통령이 활동한 것으로 봐야 하기 때문에 그게 기산일이다', 이렇게 주장했다. 헌법에 대통령·부통령 임기는 4년이라고 돼 있으므로, 이 경우 1952년 7월 19일 또는 20일이 초대 대통령 임기가 끝나는 날이 된다. 많은 의원들은 대통령이 국민에게 취임 선서를 한, 그래서 국가 원수가 된 1948년 7월 24일이 기산일이라고 주장했다. 그런데 7월 20일이나 24일이 기산일이 될 경우 문제가 심각했다. 날짜가 얼마 안 남았기 때문이다. 이걸 '해결'한 것도 미국 대사 쪽인 것으로 알려져 있다. 존 무초 주한 미국 대사는 정부 수립을 공포한 날짜인 1948년 8월 15일을 기산일로 봐야 한다고 주장했다. 발췌 개헌안과 마찬가지로 미국이 또다시 현실과 타협한 것이다.

조봉암과 이승만

국회는 현실적 이유에 몰리고 있었다. 도대체가 7월 24일로 한다고 할 경우 대통령을 그때까지 뽑을 수 있느냐 하는 문제에 부딪혔다. 그건 불가능한 일이었다. 8월 15일이라고 하더라도, 빨리 뭔가 이뤄지지 않으면 권력 공백이 나타나게 되는 상황이었다. 그런 가운데 이승만 대통령은 6월 말에 '민중 대표들이 강청하니까 더 이상 국회 해산을 미룰 수 없다. 해야겠다'고 발표했고 국회 내부에서는 이갑성 의원 등이 '국회 해산하자. 자폭하자', 이렇게 주장했다. 그런 속에서 7월 1일 장택상 총리가 국회의원의 신변을 보장하겠다고 나섰다.

── 왜 그런 이야기를 한 것인가.

뭐냐 하면 국회의원 40~50명이 쫓기고 있는데 그 사람들이 오지 않으면 표결이 되지 않기 때문이었다. 헌법에는 개헌선이 재적 의원의 3분의 2로 돼 있고 따라서 122명 이상 찬성해야 하는데, 국회의원들이 도망을 다니는 상황에서 어떻게 그걸 채울 수 있었겠나. 그리고 국제 공산당 사건으로 형무소에 가 있는 국회의원들도 있지 않았나. 그쪽도 들어오게 해야 했다. 그래서 '국회의원 너희들, 신변을 보장해줄 테니까 이제 제발 들어와라' 하면서 경찰을 풀어서 피신 의원들을 강제 등원시키게 된다.

7월 2일 이승만은 담화를 발표했다. "국회의원들 중에는 공격을 받거나 체포를 당할까 두려워 회석會席에 나오기를 꺼리는 이가 있는 모양이다. 이런 생각은 (대한)민국을 경찰국가라고 낙인을 찍는 분자들이 창조하고 전파시키는 것"이라는 이야기였다. 이어서 "헌병이나 국립 경찰로서는 여하한 경우라도 구체적인 죄목 없이 국회의원이나 일반 시민을 체포, 구금한 사실이 없다"고 강변했다.

7월 3일 국제 공산당 음모 사건으로 구속된 국회의원들이 39일 만에 풀려났다. 그러고 나서 국회 안에서 원외 자유당의 남송학 국회의원, 이 사람이 출입증을 일일이 내줬다. 이 사람이 준 출입증이 없으면 국회의원들이 국회 의사당에 출입할 수가 없었다. 들어온 사람은 꽉 잡아놔야 하는 것이었고, 그렇게 해서 감금된 의원들은 꼭 수재민 수용소에 들어와 있는 사람들 같았다고 한다. 당시 장택상 총리도 화장실에 가려다가 뺨 맞고 의사당 안으로 쫓겨 와서 국회의원들하고 오후 6시까지 감금됐다고 김동성 국회 부의장이 쓴 글에 나온다. 참 기가 막힌 상황이 벌어진 것이다.

헌법 어긴 발췌 개헌안,
기립 표결로 통과

── 어이없는 실상에 웃어야 할지, 울어야 할지 모르겠다. 이런 어처구니없는 상황에서 발췌 개헌안이 통과되는 데 조봉암이 협조한 것 아니냐는 지적도 있다.

상황이 이렇게 되면서 의장단한테 문제가 제기됐다. 발췌 개헌안을 통과시킬 것인가, 그렇게 하지 않을 것인가 하는 문제였다. 신익희가 '이건 통과시킬 수밖에 없지 않느냐'는 식으로 나오니까 조봉암이 찬성했고 김동성 이 사람도 거기에 따라간 것으로 돼 있다. 그래서 조봉암이 발췌 개헌안 통과를 도왔다는 비난을 받을 수 있게 된 것이다.

조봉암과 이승만

1952년 7월 4일 발췌 개헌안이 기립 표결로 통과됐다. 이승만 정권은 군대, 경찰, 깡패, 청년단, 지방 의회 의원들을 동원해 국회를 계속 포위하고 국회의원들을 협박했다.

신익희 전기를 보면 국회의장실에서 이 문제를 논의할 때 유엔 한국위원단의 한 임원이 '이대로 계속 간다면 유엔에서는 신탁 통치안을 제기할 테니까 빨리 결말을 내달라', 그렇게 이야기했다고 한다. 그러니까 조봉암이 장택상한테 "신탁 통치보다는 어쨌든 이 박사 치하가 낫지 않겠소"라고 하면서 수습하자고 했다고 돼 있다. 이게 맞는지 틀리는지는 알 수가 없다. 어쨌건 이런 과정을 거쳐 7월 4일 드디어 발췌 개헌안이 통과된다. 그런데 이때 기립 표결을 하게 했다.

── 초등학교 반장 선거도 아니고 헌법을 바꾸는 중요한 일을 기립 표결에 부쳤다는 것도 여러모로 이해하기 어려운 일이다.

발췌 개헌안 통과 후 이승만 대통령이 지방 의회 대표들을 만나 치하하고 있다.
사진 출처: e영상역사관

　신익희 의장은 이건 중요한 안건이기 때문에 비밀 투표를 철저하게 해야 한다고 했다. 당연한 이야기다. 그런데 기립 표결을 해서 재적 의원 183명 가운데 166명이 참석해 찬성 163, 기권 3으로 통과됐다. 기권한 이들이 누구인지는 지금까지 알 수가 없다.

　이렇게 해서 발췌 개헌안이라는 악명 높은 개헌안이 통과된다. 이게 우리나라의 첫 번째 개헌인데 의도가 나빴던 것도 큰 문제였고 그 수순을 밟는 데에서도 헌법, 법률을 유린하고 폭력을 동원해 통과시켰다는 것도 큰 문제였다.

　발췌 개헌안은 헌법을 어겼고 문제가 있다고들 지적하고 있다. 우선 30일 이상 헌법 개정안을 공고한 후 국회 표결에 부칠 수 있게 돼 있는데 발췌 개헌안은 6월 21일에 제출돼 7월 4일에 표결했

　　　　　　　　　　　　　　　　　　조봉암과 이승만

다. 30일 이상 공고하지 않았다. 헌법에 있는 공고 기간을 어긴 것
이다. 그다음에 기립 표결도 문제. 헌법 개정안 같은 중요한 사안
을 어떻게 기립 표결할 수 있다는 말인가. 이것도 있을 수 없는 것
이라고 비판한다.

호랑이 위에 탄 조봉암,
이승만의 라이벌로 떠오르다

조봉암과 이승만, 일곱 번째 마당

김 덕 련 우격다짐 발췌 개헌 후 제2대 정부통령 선거 국면으로 접어든다.

서 중 석 직선제 개헌이 발췌 개헌 형식으로 되고 나서 직선제 헌법이 1952년 7월 7일 공포됐다. 7월 18일, 정부는 8월 5일에 정부통령 선거를 실시한다고 공표했다. 선거 실시를 공표하기 전에 국회에서는 다시 의장단 선거를 했다. 의장단 선거는 2년마다 했는데, 여기서 신익희가 다시 의장이 됐고 조봉암과 윤치영이 부의장이 됐다. 조봉암은 당시 좋은 평가를 받았다. 한철영이 1950년대 초에 쓴 글을 보면, 조봉암은 두뇌가 아주 명석하고 정연한 이론을 가진 인물로 호평이 자자하다고 돼 있다. 1954년 한 기자가 쓴 글에는 '조봉암의 사회 솜씨가 너무나 세련돼 있다. 국회법을 잘 운용하면서 조금도 사심을 드러내지 않는다'고 돼 있다. 바로 이러한 뛰어난 기량 덕분에 두 번째 국회 부의장으로 무난히 선출됐다는 것이다. "극단의 경지에 이른 사회 기량"이라고까지 표현했다. 이처럼 조봉암은 국회를 이끌어가는 데 탁월한 능력을 보여줬다. 그래서 두 번째 의장단 선거에서도 88명 의원의 가표를 얻어 국회 부의장이 됐다. 그런데 조봉암에게 국회 부의장은 사실 그리 중요하지 않았다고 난 본다.

제2대 대선 출마,
'죽음의 길' 택한 조봉암

── 그렇게 판단하는 근거는 무엇인가.

동아일보 1956년 4월 11일 자에 실린 '입후보자 프로필, 조봉암 편'. "號는 매우 보수적"이라는 제목이 눈에 띈다. 기사에 의하면 어머니가 봉鳳의 꿈을 꾸고 조봉암을 낳았는데, 봉은 대나무 열매인 죽실竹實을 먹고사니 친구들이 '죽산竹山'이라는 호를 붙여주었다고 한다. 기자가 대통령 선거에 왜 나오느냐고 묻자, 조봉암은 "안 나올 수 없는 절박한 상태란 말이죠"라고 답한다.

대통령 직선제가 되니까 이 사람은 대통령에 출마하는 큰 꿈을 꾸지 않았을까 하는 생각이 든다. 왜냐하면 1951년 신당을 만드는 작업을 할 때 뼈저리게 느낀 것이지만, 국회의원 70~80명이 조봉암 자신을 좋아했고 그중 몇 사람은 자신을 따랐는데도 신당을 만들려고 하니 다 피했다. 조봉암이 뭔가 해보려고 하면 제약이 따랐다. 그건 능력과 별도의 문제였다. 조봉암은 그냥 국회에서 정치활동하는 정도로 머물 사람이 아니었다. 그렇지만 '더 커다란 활동을 하기 위해서는 뭔가 다른 방법이 필요하다. 그럴 때 직선제처럼 나한테 유용한 제도는 없지 않은가', 직선제 개헌안이 통과돼서 직선제 선거가 공표됐을 때 조봉암이 이런 생각을 했으리라고 본다.

8월 5일에 선거를 실시한다고 정부가 공표하면서 후보 등록을 할 때 조봉암과 아주 가까운 사람이었던 윤길중은 제일 먼저 신익희 의장을 찾아갔다. 윤길중이 신익희에게 '대통령 선거에 나와라'라고 하니 신익희는 물론 사양했다. 신익희 의장이 이때 상당히 두려워했다고 하는 글이 있다. 이승만하고 정면으로 맞서다가는 어떻게 될지 알 수 없다는 표정이었다고 한다. 대통령 선거에 나올 만한 또 다른 사람으로 이시영 전 부통령이 있지 않았나. 조봉암과 윤길중이 이 양반을 찾아가서 출마를 권했다. 이시영은 극구 사양하면서 '조봉암 당신이 직접 나가라'는 식으로 이야기했다. 그러자 조봉암이 대뜸 7월 24일에 출마하겠다고 선언했다.

이렇게 되니까 민국당으로서는 큰일 난 것 아닌가. 그래서 이시영 이 노인네를 찾아가 출마를 극구 요청했다. 이분은 당시 몸을 움직이기도 굉장히 힘들었다. 1869년생이니 이때 83세였다. 그런데 민국당에서 '꼭 나가셔야 한다'고 아주 강청을 하니까 이시영은 억지로 대통령 후보로 나왔다. 신흥우도 대통령 후보로 나왔다.* 어쨌건 대통령 선거 출마는 조봉암으로서는 자신의 정치적 능력을 펴볼 수 있던 기회라고 볼 수도 있지만 죽음의 길을 택한 것이 아니냐, 그렇게 볼 수도 있다.

---

* 신흥우는 기독교계 인사로 이승만과 한때 호형호제하던 막역한 사이였고 일제 강점기에 독립 운동, 농촌 개조 운동 등을 했다. 그러나 일제 말에는 일본의 침략 전쟁에 협력하는 등 친일 행위를 했다.

이승만 쪽에서 부통령 후보로
이범석 대신 함태영 노인을 택한 이유

—— 이 시기 이승만은 어떤 모습을 보였나.

8·5 정부통령 선거는 아주 이상한 선거였다고 이야기할 수 있다. 뭐냐 하면 원외 자유당이라고 불리던 자유당이 전당 대회를 열어 대통령 후보로 이승만, 부통령 후보로 이범석을 지명했다. 이승만이 당수, 이범석이 부당수였으니까 이건 당연한 일이었다. 그런데 이 대통령이 자유당 총재를 사양한다고 발표했다. 그러면서 뜻밖에도 대통령에 출마하지 않겠다고 나왔다.

이 대통령은 이범석이 어떤 인물인가를 알고 있었다. 이범석이 내무부 장관을 할 때 그 무서운 힘을 봤다. 그야말로 리틀 이승만이라고 할까, 이범석이 이승만 자신과 성향이 같다고 본 데서 비롯한 두려움이라고 할까, 그러한 걱정으로 '이범석이 부통령이 되는 건 막아야 한다', 그렇게 판단했던 것 같다. 그래서 이승만 쪽에선 함태영 심계원장에게 출마를 종용했다. 이분도 나이가 이승만보다 위였는데, 이 양반을 찾아가서 후보로 나오라고 한 것이다. 그러니까 그쪽에서는 당연하게도 '내가 어떻게 나가느냐. 나갈 수 없다. 정치 자금도 없고', 이렇게 하면서 안 나가려고 했다. 함태영은 권력에 대한 욕심이 없던 사람으로 알려져 있다. 그렇지만 이 대통령 쪽에서 온 사람은 '걱정할 것 없다'고 하면서 막무가내로 나오도록 했다. 그래서 결국 함태영, 맘씨 좋은 이 노인이 부통령 후보로 나서게 된 것이다.

조봉암과 이승만

— 이승만 대통령이 자신의 권력을 조금도 위협하지 않을 인물을 택했다고 볼 수밖에 없다.

이 선거에서 또 하나 재미나다고 할까 흥미로웠던 것은 민국당 부통령 후보로 나온 조병옥을 제외한 모든 부통령 후보, 그러니까 이범석, 이갑성, 함태영, 임영신, 이윤영 이런 사람들이 전부 이승만을 지지하고 나섰다는 점이다. 부통령 후보가 거의 대부분 이승만을 지지하고 나선 것이다. '이승만은 위대한 지도자'라는 걸 그것으로 입증한 셈인데, 왜 이게 논란이 될 수 있느냐 하면 그렇기 때문에도 발췌 개헌 때 직선제 개헌이라면 러닝메이트 제도를 집어넣었어야 하는 것이었다. 그런데 그때 그걸 넣지 않았다. 그렇다면 적어도 2년 후에 하게 되는 사사오입 개헌 때는 러닝메이트 제도를 도입했어야 했다. 그런데 그때도 넣지 않는다. 나는 이승만처럼 권력 문제에 예민한 사람이 두 번이나 깜빡 잊고 빠뜨렸다고 생각하지 않는다. 하여튼 그러다가 1956년 선거에서 장면이 부통령이 되는 걸 보고 기겁한 것이다. 자유당이나 이승만 대통령으로서는 있을 수 없는 일이 일어난 것 아닌가.

그때부터 이 대통령이나 자유당이 이 제도 도입을 서두르는데, 그러면 왜 이 대통령이 러닝메이트 제도를 도입하지 않았느냐. 그 이유 중 하나가 '모든 부통령 후보가 나를 지지한다', 이런 것과도 연관돼 있다고 나는 본다. 이분은 '모든 국민이 나를 지지한다'는 주장을 강하게 했다. 하여튼 러닝메이트제를 헌법에 넣지 않았기 때문에 나중에, 그러니까 1960년에 3·15 부정 선거를 저지르게 된다고 이야기할 수도 있다. 그런 점에서 의미가 있다.

이승만의 불출마 소동과 관제 민의 동원, 번복 후 제일착으로 후보 등록한 이승만

—— 숱한 무리수를 두면서 직선제로 바꿔놓고 정작 이승만 대통령이 출마하지 않겠다고 공언한 것도 정말 이해하기 어려운 일이다. 이런 불출마 소동은 그 이후 대선에서도 일어나지 않나.

그런 불출마 소동이 이 선거에서 가장 특이한 점이다. 직선제 개헌안, 발췌 개헌안을 통과시키는 데 이승만 대통령이 핵심적인 위치에 있지 않았느냐, 이렇게 이야기할 수 있는데 불출마 선언을 한 것이다. 참으로 불가사의한, 정말 놀라운 일이 일어난 것이다.

이승만 대통령이 출마하지 않겠다고 하니까 민의 부대들이 가만있을 수 없는 것 아닌가. 민중자결단, 지방 의원들을 비롯해 부산 정치 파동 때 등장했던 민의 부대들이 막 동원됐다. 직장인을 비롯한 여러 부문의 대중도 막 나서고 그런다. 이승만 재출마를 갈구하는 정당, 사회 단체들의 요청, 민중 운동 같은 게 일어나서 350만 명에 달하는 지지·추대 탄원서가 제출됐다고 나와 있다. 그런데 후보 등록일이 며칠 남지 않았기 때문에 이승만 대통령은 불출마 선언을 번복하고 후보 등록을 한다. 그것도 제일착으로 했다.

출마하지 않겠다고 했다가 후보 등록을 한 이유를 이 대통령은 이렇게 이야기하고 있다. 이때 대통령이 한 담화를 보면, 대통령 별장이 있는 진해에 비서가 와서 "만일 대통령이 출마 승낙서에 서명하기를 원치 않으신다면 자기에게 내 도장만이라도 주어 국민들의 요구를 들어달라"고 하기에 "나의 친구의 전부가 본인이 그렇게 하는 것이 옳다고 믿는다면 그것을 사용하여도 무관하다"고

조봉암과 이승만

했다는 것이다. 그러니까 그렇게 도장을 사용하는 건 상관없다고 이야기했다는 것이다. 국민을 우롱해도 이렇게까지 우롱할 수 있는 건가.

참, 이 대통령은 우민관이 대단히 강하다고 이야기하는데 이런 식으로 국민을 우롱하는 이야기를, 그것도 담화 형식으로 발표하고 그랬다. 그런 속에서 7월 26일 등록 마감이 됐으니까 8월 4일까지 선거 운동일이 채 10일도 안 됐다. 보통 10일 선거 운동 기간이 있었다고들 이야기한다.

— 관제 민의를 중시한 이승만 대통령의 이런 태도를 보면 엎드려 절 받기라는 말이 절로 떠오른다. 어쨌건 이런 식으로 문을 연 대선 기간 중 조봉암은 어떤 모습을 보였나.

조봉암 측은 "우리는 이대로 더 4년을 갈 수 없다. 대통령으로 혁신 정치가 조봉암 선생을 선출하자"는 구호를 내세웠다. 그러면서 공산당 독재도, 자본가와 부패분자의 독재도 강고히 반대하고 민주주의 체제를 확립하겠다는 것을 강조하며 선거에 임했다. 선거 사무장은 윤길중이었는데 사무차장은 예전에 서북청년회 부회장이었던 김성주가 맡았다는 것이 사람들 눈에 들어왔다.

경호는 당시 주먹 세계에서 김두한, 이정재와 함께 신화적 인물이었던 시라소니가 맡았다. 조봉암이 연설하지 못하도록 동원된 정치 깡패들이 방해하려 할 때 그걸 저지하는 역할을 했다고 돼 있다. 그런데 시라소니 전기를 읽어보면 시라소니가 무서워서 경호를 그만뒀다고 한다. 조봉암이 이승만을 얼마나 세게 비판하면서 후려치는지 '이러면 나도 어떻게 되는 것 아니냐' 싶어서 슬그머니 빠져 나갔다고 한다. 시라소니는 1956년에는 장면 부통령 후보 경호를 맡는다. 아주 특이한 사람이다.

하여튼 선거 운동에 대한 방해가 워낙 공공연해서 선거 운동 자체가 심하게 제한될 수밖에 없었다. 민국당 쪽에서 제일 강하게 조봉암을 공격하고 나섰다. 부통령 후보 조병옥은 조봉암의 대통령 입후보 자체를 반대한다고 하면서 '조봉암은 민족 진영에 도전하는 스탈린이나 김일성과 다름없는 유고의 티토 정권을 흉악하게 꿈꾸고 있는 자다', 이런 식으로 공격했다. 그런데 당시 조봉암의 인기가 좋았던가 보더라. 7월 30일 조병옥 후보는 '반이승만 정책을 구실로 근로층의 좌경분자를 획득하려는 조봉암의 행동은 참을 수 없다'고 하면서 '조봉암이 입후보를 철회하지 않고 또 다수가 조봉암을 지지하는 경향을 보인다면 이승만 후보에게 투표를 집중시키도록 노력하겠다', 이렇게 나온다. 이시영 전 부통령을 억지로 대통령 후보로 출마하게 해놓고는 그런 태도를 취한 것이다. 1956년 대통령 선거를 미리 내다보게 하는 것이라고도 볼 수 있는 주장이다.

경찰 동원의 대명사 이범석조차 불평한
경찰의 선거 개입

— 지적한 대로 1956년 대선에서 조병옥이 속한 민주당은 자기 당 후보 신익희가 갑자기 세상을 떠나자 지지자들에게 이른바 추모 표를 권한다. 민주당의 일부 간부는 그 직전까지 야권 연합을 논의하던 상대이던 조봉암 대신 이승만을 지지하는 게 낫다는 태도까지 보인다. 다시 돌아오면, 이 선거는 조봉암의

이범석 부통령 후보 선거 포스터.
1952년 부통령 선거에서는
놀랍게도 함태영 후보가 이범석을
제치고 당선되었다.
사진 출처: 국가기록원

정치적 위상에 어떤 영향을 끼쳤나.

이 선거에서는 이승만 후보가 압도적인 지지를 얻어서 당선됐다. 그러나 영남 지방에서 조봉암 표가 꽤 많이 나왔다. 그러면서 조봉암은 이시영을 누르고 차점자가 됐다. 주한 미국 대사관 자료를 보면 이제 조봉암은 확고히 이승만의 라이벌이 됐다고 표현돼 있다. 그건 조봉암이 기호지세騎虎之勢, 즉 호랑이 등에 올라타서 내릴 수가 없게 됐다는 걸 의미한다고 볼 수 있다. 죽음에 이를 때까지 이승만과 대결하지 않으면 안 되게 된 것이다.

그런데 이 선거가 제대로 치러졌느냐. 그렇지 않다는 건 부통령 선거를 보면 단적으로 알 수 있다. 놀랍게도 함태영 후보가 무소속으로 나와서 294만 표를 얻었다. 자유당 부당수이던 이범석은 181만 표밖에 못 얻었다. 이범석은 유명한 사람이었고, 자유당 조직

뿐만 아니라 족청 조직이 있었는데도 표가 그렇게 적었다. 함태영에 대해서는 그 당시 어떤 정치인이 이야기한 것이 있다. 국민이 모르는 사람, "한 번도 듣도 보도 못한 분"이 부통령에 당선됐다는 것이었다. 대다수 국민들이 함태영 이 노인을 알 턱이 없었다.

그러면 어떻게 해서 이렇게 100만 표 넘게 이범석을 앞서며 당선됐는가. 이건 정말 신기한 일을 넘어서서 불가사의한 일에 속한다. 아무도 이걸 정확히 해명하지 못하고 있다. 지금까지 내가 관련 자료를 아무리 찾아봐도 어째서 함태영이 이렇게 득표했는지 설명해주는 글이 없다. 뉴라이트 일부 연구자들이 이때 이승만이 이렇게 표를 많이 얻었다고 하면서 '농지 개혁을 잘한 것이 이승만 표로 연결된 것이다', 이런 설명을 하고 있다. 그러나 그렇게 보기 어렵다. 그래서 내가 그 사람한테 물어봤다. 그러면 함태영 표가 그렇게 많이 나온 건 어떻게 된 것이냐고. 그런데 그건 대답을 안 하더라.

— 경찰이 노골적으로 선거에 개입한 점을 빼놓을 수 없는 것 아닌가?

경찰 선거라고 볼 수는 있다. 이범석의 사례에서도 이 점이 잘 드러난다. 이범석은 부산 정치 파동 때 내무부 장관으로서 경찰을 동원해 국회의원들을 여러 가지로 곤경에 빠뜨리지 않았나. 경찰 하면 이범석이 상기될 정도로 내무부 장관 때 경찰 동원으로 유명했다. 그런데 바로 그 이범석이 쓴 글을 보면, 이 선거 때 경찰들이 자기가 선거 운동을 못하게 막았다고 무지무지하게 불평하고 분노한다. '이런 부정 선거가 어디 있느냐. 있을 수가 없다'고 하면서 실제로 항의하러 다녔다. 이 사람 기반이라고 할 수 있던 충청남도 쪽 정도를 빼놓고는 나머지 지역에서는 경찰들이 이범석의 선거 운동을 심하게 방해했던 것으로 보인다.

하여튼 경찰이 아니고서는 어떻게 이런 결과가 나왔겠는가라고 이야기하고 있다. 그렇지만 경찰들이 어떤 방식으로 그걸 했는지, 투표와 개표가 구체적으로 어떤 방식으로 진행됐는지 등 이 시기 상황을 설명해줄 수 있는 자료들이 지금까지는 나오지 않고 있다.

사신死神이 어른거린 조봉암,
국회에서 뜻 펼 길마저 막히다

조봉암과 이승만, 여덟 번째 마당

김 덕 련 조봉암은 1952년 대선에서 2위를 기록하며 정치적 위상을 높인다. 그러나 이는 이승만 정권에 더 큰 경계심을 불러일으킬 수밖에 없었다. 1952년 대선 이후 조봉암은 어떤 상황을 맞이하나.

서 중 석 1952년 8·5 정부통령 선거 이후 조봉암은 계속해서 어려운 상황을 만나게 된다. 조봉암 주위에는 죽음의 신, 사신死神이 어른거린다고 했는데 1953년에는 김성주 사건이 나게 된다. 1952년 선거에서 김성주는 선거 사무차장이었는데 1953년 6월 원용덕이 총사령관이던 헌병 총사령부에 연행됐다. 고등군법회의에 회부됐는데 걸려든 명목은 크게 두 가지였다. 첫째, 조봉암 등과 사회민주당 추진위원회를 결성해 정치 제도로는 구미식을 택하나 경제적으로는 자유 경제 체제를 버리고 계획 경제를 수립하려 한 것이 국가 변란을 목적으로 한 집단을 구성했다는 것이다. 그러나 실제로는 사회민주당 추진위원회란 단체가 구성됐는지조차 불분명하다. 두 번째 죄목은 더 터무니없는 것인데, 1952년 8·15 대통령 취임식장에서 대통령을 살해할 것을 모의했다는 것이다.

헌병 총사령부에서는 계속 새로운 사실을 만들기 위해 김성주를 고문했다. 그런데 고등군법회의 판결 선고일(1954년 5월 6일)에 이상하게 김성주가 출두하지 않았다. 이것 때문에 계속해서 조사하고 알아보고 그랬는데, 나중에 알려진 바로는 판결 선고일 전에 헌병 총사령부의 김진호 중령이 서대문형무소에 갇혀 있던 김성주를 헌병 총사령부 취조실로 끌고 가 고문을 했는데 그때 김성주가 고문으로 사망한 것이었다. 헌병 총사령부는 이 사실을 숨기고 암매장까지 했고 국방부는 "김성주에게 사형을 언도했다"는 발표만 한 것이다.

조봉암을 겨냥한 거듭된 조작,
김성주 사건과 동해안 반란 사건

── 참 무서운 세상이었다. 1951년 말 조봉암의 측근이던 이영근 등이 대남 간첩단 사건에 휘말렸는데, 그로부터 2년도 지나지 않아 김성주 사건이 터졌다. 김성주가 서북청년회의 주요 간부로서 극우 반공 활동에 앞장선 사람이었다는 점을 생각하면, 이 시기에 조봉암과 함께한다는 것이 사람들에게 어떤 의미로 받아들여졌을지 짐작이 간다.

서북청년회 부회장이었던 김성주가 이렇게 고문으로 죽게 된 직접적인 요인은 8·5 정부통령 선거이지만, 이승만과 왜 멀어지게 됐는가 하는 것을 긴 안목으로 생각할 필요가 있다. 그렇게 된 것은 한국전쟁 시기에 유엔군이 북한으로 진격할 때 상황과 관련 있다. 당시 이승만 대통령은 북한에 대한 관할권이 대한민국에 있다고 하면서 평남지사를 임명했지만, 유엔군은 그걸 인정하지 않았다. 그러면서 유엔군은 평남지사 대리로 김성주를 임명했다. 그것 때문에 김성주는 찍혔다고 할까, 그런 상황이었는데 조봉암 선거 사무차장까지 맡으면서 결국 헌병 총사령부에 그렇게 끌려간 것이다.

김성주 사건은 1960년 4월혁명 이후 아주 크게 문제가 된다. 그러면서 사건 당시 헌병 총사령관이던 원용덕과 김진호 중령, 또 서북청년회 부회장이었고 이 사건이 났을 때 내무부 치안국장이던 문봉제 이런 사람들이 김성주 가족에게 고발을 당했다. 그 후 육군 중앙고등군법회의에서는 원용덕과 김진호에게 각각 15년형을 선고했다.˚

— 4월혁명 이전에는 적법한 절차를 밟지 않고 김성주를 죽인 사실이 세상에 알려지지 않았나?

자유당 정권 때 이미 국회에서 김성주 사건 조사 특별위원회가 만들어진다. 그러면서 이 사건이 널리 알려진다. 굉장히 큰 사건이었다.[**]

— 사건 내용이 그렇게 세상에 알려졌는데도 이승만 정권 때는 가해자들이 멀쩡했다가 4월혁명 이후에야 처벌을 받게 됐다는 것인가?

그렇다. 어떻게 하지를 못하다가 이승만 정권이 붕괴하니까 그렇게 된 것이다. 그리고 조봉암을 겨냥한 사건 조작은 그게 끝이 아니었다. 조봉암을 해하려는 조작 사건은 1955년경 또 발생한다. 동해안 반란 사건이라는 것인데, 김준연이 조봉암을 서면으로 고발한 사건이기도 하다. 이 사건의 핵심은 속초에 있던 제1군단에 이 대통령이 시찰을 나오면 이 대통령을 죽이고 바로 쿠데타를 일으켜 조봉암을 군에서 대통령으로 추대한다는 건데, 터무니없는 중상모

[•] 원용덕은 박정희와 가까운 사이였는데, 복역 중 박정희 정권의 특별 사면으로 풀려난다. 1963년 대통령 선거에서 사상 논쟁이 일어나자, 원용덕은 여순사건 등과 관련된 박정희 후보의 전력을 두둔하는 발언을 했다. 그로부터 5년 후인 1968년 원용덕은 세상을 떠난다.

[••] 1955년 1월 김성주의 가족은 이 사건의 진실을 밝혀달라는 청원서를 국회에 제출한다. 그해 3월 국회 본회의에서 김성주 사건 진상 조사를 결의한다. 그에 따라 구성된 특별 조사위원회는 같은 해 10월 20일 국회에 조사 결과를 보고한다. 특별조사위원회는 적법한 절차를 밟지 않고 김성주를 죽음에 이르게 한 김진호 중령을 즉시 파면하고 법에 따라 처단해야 하며, 원용덕 중장도 책임을 져야 한다는 등의 조사 결과를 내놓았다.

략이었다. 이 사건으로 한때 시끄러웠다.

'우리의 당면 과업'에 담긴 조봉암의 포부, 그러나 1954년 총선 출마마저 막혔다

── 그처럼 자신을 위협하는 조작 사건이 거듭 일어나는 속에서도 조봉암은 1954년 정치 활동에 대한 생각을 정리한 글을 발표한다. 총선이 있던 해라는 점과도 무관치 않아 보이지만, 기본적으로 이 시기 조봉암의 노선을 종합한 글 아니었나 하는 생각이 든다.

조봉암은 1954년을 맞이하면서 새로운 각오, 다짐을 하는데 그게 바로 그해 3월에 발표된 '우리의 당면 과업'으로 나타난다. '우리의 당면 과업'은 직접적으로는 4월 26일 제네바에서 한국 통일 문제를 다루는 국제 회의가 열리는 것에 맞춰 통일 문제에 큰 비중을 뒀지만, 전반적으로는 5월에 실시될 총선거에 대한 포부를 담은 것이었다고 이야기할 수 있다.

조봉암은 이 글에서 북진 통일론을 통렬히 비판하지만 아직 평화 통일을 주장하지는 못했다. 다만 '정치적으로 문제를 풀어가야 한다. 북진 통일 같은 주장으로는 한국 문제가 풀릴 수 없다', 이런 주장을 계속 강조했다. 그뿐만 아니라 북한의 공산당에 정치적으로 승리하기 위해서는 모든 민주 세력이 표면으로 모조리 대두될 수 있도록 기회를 주고 정치 활동의 자유를 보장할 환경을 만들어야 한다고 주장했다. 그래서 진보 세력이나 비판 세력을 반국가적

1954년 5·20선거 당시 나붙은 후보자 선거 벽보. 5·20선거는 1952년 8·5선거와 함께 부정 선거로 악명이 높다. 사진 출처: e영상역사관

세력, 반정부 분자로 몰아치는 것을 지양하고 김구, 김규식과 활동을 같이한 민족주의자들은 물론 국민보도연맹원 생존자나 이승만 대통령에 의해 숙청된 족청계 등도 자유롭게 정치 활동을 할 수 있어야 한다고 강조했다. 다른 말로 하면 '혁신계가 대두하는 것을 막지 마라', 이것이었다. 거기에 자신이 어떤 정치 활동을 전개하겠다는 것인가 하는 포부를 담았다고 볼 수 있다.

—— 보도연맹원 문제를 직접 언급한 게 특히 눈에 들어온다. 1987

1954년 5·20선거에 입후보한 한 후보자의 선거 사무소 전경. 사진 출처: e영상역사관

년 6월항쟁 이전 한국의 정치가들 중 이처럼 보도연맹원 문제를 분명하게 이야기한 사람이 조봉암 이외에 또 있었던가 하는 생각이 든다. 다시 돌아오면, 조봉암은 1954년 5·20선거에서 어떤 모습을 보였나.

'우리의 당면 과업'을 발표하며 포부를 밝혔지만, 얼마 후 조봉암 자신이 아예 총선에 출마조차 할 수 없게 되는 사태가 벌어진다. 5·20선거는 우리나라 선거사에서 또 하나의 중요한 부정 선거 사례로 꼽히는데, 조봉암은 아예 출마 자체가 봉쇄됐다. 자신의 출신 구인 인천을 구에 입후보 등록 서류를 내려고 했는데 탈취당하고 말았다. 그러자 자신이 지지를 받고 있던 부산, 그리고 자유당 제2인자인 이기붕이 입후보할 서대문을 구 이쪽으로 서류를 내보자고 해서 두 군데 모두 등록을 시도했다. 그러나 어느 곳에서도 등록을 할 수 없었다. 그야말로 타의에 의해 이제는 국회의원도 될 수 없는 처지로 떨어진 것이다.

5·20선거는 1952년 8·5선거와 함께 부정 선거로 악명이 높다. 경찰의 곤봉이 선거 결과를 결정했다고 해서 곤봉 선거로 불리기도 하고, 경찰 선거라고 이야기하기도 한다. 이승만 정권 쪽에서는 몇 명은 반드시 떨어뜨리려고 했다.

실력자 허정의 개탄
"나에게 이런 횡포가 가해졌으니 다른 후보들은…"

—— 그렇게 떨어뜨리려고 한 대표적인 인물로 누구누구를 꼽을 수 있나.

우선 조봉암하고 신익희는 1956년 대통령 선거에 나올 가능성이 높으니까 이 두 사람은 못 나오게 해야 한다고 봤다. 신익희가 경기도 광주에서 출마하는데, 이 지역구를 같이한 자가 그 유명한 최인규다. 1960년 3·15 부정 선거를 지휘한 내무부 장관 바로 그 사람이다. 신익희가 나오지 못하게 해야 한다는 임무가 최인규한테 주어졌다고 최인규 글에 나온다. 그런데 최인규가 '여론 조사나

한 번 해보자. 그냥 신익희를 밀어붙여서 못 나오게 하는 것보다는 여론 조사 결과를 보고 결정하자', 이렇게 생각하고 여론 조사를 했다. 그랬더니만 자신이 훨씬 유리한 것으로 나왔다고 그의 글에 쓰여 있다. 그래서 신익희를 못 나오게 하려고 경찰을 동원해 애쓸 것 없이 그냥 나오게 해도 되겠다고 판단했는데, 그 여론 조사에 응한 사람들이 그야말로 최인규를 속인 것이다. 압도적으로 신익희가 당선됐다. 신익희는 이런 과정을 거쳐 다시 국회의원이 됐다.●

그리고 원내 자유당 리더로서 이승만을 몹시 괴롭혔다고 자유당 측에서 생각한 오위영의 경우 울산에 입후보하는 걸 봉쇄하고자 했다. 오위영은 결국 중도에 포기했다. 이렇게 도처에서 경찰에 의해 선거가 엉망이 됐는데, 허정 회고록을 보면 허정이 이 선거에서 얼마나 심하게 당했는가 하는 것이 생생하게 나온다.

── 허정은 이 선거에서 어떤 일을 당했나.

허정이라고 하면 보통 사람들에겐 4월혁명 후 과도 정부 수반으로 많이 알려진 사람이지만, 이 양반은 도미 유학을 할 때 이승만과 함께 활동했고 해방 후 정부 수립을 했을 때 이승만 정권의 양대 세력 중 하나라고 했다. 팔판동 세력이라고도 불렸는데, 뭐냐 하면 한쪽은 국무총리 이범석 쪽으로 형성된 권력, 또 하나는 허정을

● 이승만 정권 시기의 내막을 파헤친 '비화 제1공화국'을 연재한 동아일보 1973년 12월 20일 자는 5·20선거 당시 경기도 광주 상황을 다음과 같이 기록했다. "자유당은 투표 3일 전에 각 투표구별로 유권자를 모아놓고 경찰이 최인규에게 투표하는 훈련을 시킨 다음 모의 투표를 실시, 최 후보가 당선되자 자축연까지 베푼 일이 있다. 그러나 막상 선거 결과는 신익희 후보의 승리였다."

1960년 5월 대통령 권한 대행 시절의 허정(오른쪽에서 두 번째). 이승만의 측근 중 한 명으로 알려져 있던 허정조차 1954년 5·20선거에서 경찰의 폭력으로 선거를 포기할 수밖에 없었다. 사진 출처: e영상역사관

중심으로 신성모 등이 집결한 세력이었다. 그렇게 힘이 세다고 불린 사람이었다. 1952년 부산 정치 파동 직전 장면이 해외에 나가 있을 때 허정은 국무총리 서리도 지냈다.

그런 위치에 있던 사람인데, 5·20선거에서 부산에 출마를 했더니만 법무부 장관이 자유당 후보를 당선시키고 허정의 당선을 저지하고자 서울에서 내려왔다. 그와 동시에 경남경찰국장으로서 악명이 높던 김종원이 직접 형사대를 진두지휘해 선거 운동을 노골적으로 방해하기 시작했다. 허정이 정견 발표를 하면, 경찰은 트럭에 정체불명의 청년들을 가득 태우고 와서 청중을 위협해 쫓아버리고 텐트 기둥을 뽑아버렸다. 이들의 행패에 맞선 허정의 운전수는 허정 앞에서 뭇매를 맞고 유혈이 낭자한 상태로 쓰러졌다. 이 괴청년들은 허정 선거 사무소 간판도 다 부수고 기물도 부쉈다. 그러면서 선거 사무소 건물 주인을 위협해 허정 쪽에서 사무실을 쓰지 못하게 만들었다.

그래도 허정은 선거를 포기하지 않으려고 했다. 그런데 투표일을 며칠 앞두고 선거 운동원 중 몸이 아픈 사람이 경찰에 며칠간 연행돼 있다가 집에 돌아온 다음 날 죽었다. 그렇게 되니까 사건이 커졌고, 허정으로서도 운동원까지 이렇게 죽는 것을 보니 더 이상 버틸 수 없다고 여겼다. 도무지 있을 수가 없는 일이 연거푸 벌어진 것이고, 또 실제로 선거 운동을 할 방법이 없게 된 것이다. 경찰이 그렇게까지 선거를 방해하고 운동을 봉쇄해버리니까, 어떻게 할 도리가 없지 않았겠나. 그래서 선거 포기를 결심하고, 자신을 아껴주는 유권자들에게 그 경위라도 알리려고 전단을 2만 장가량 만들었다. 그랬더니만 이 전단마저 김종원이 직접 지휘하는 형사대가 압수해버렸다.

당시 허정은 정말 암담하고 절망적인 심정이라고 썼다. 이 대목에 대해 이야기하는 게 허정 회고록에 있는데, 내가 이 부분을 인용하는 이유이기도 하다. "현실적으로 이 대통령의 신임도 두터운 나에게 이런 횡포가 가해졌으니 다른 후보들은 어떤 상태에서 선거를 치렀을 것인가. 생각하면 눈앞이 캄캄해졌다." 이게 정말 누구의 가슴이건 절절하게 울릴 것이다. 허정 같은 실력자조차 이승만 정권한테 이렇게 당하는 상태인데 다른 사람들, 특히 야당 후보건 무소속 후보건 얼마나 심하게 이 선거 때 당했겠는가.

개헌 조건부 입후보 강조한 이승만,
친일파에 대해서도 괴이한 담화

── 이승만 정권은 이때 왜 그렇게까지 한 것인가.

왜 5·20총선 분위기가 이렇게 험악하게 됐느냐. 그 이유는 간단하다. 1967년 총선이 3·15 부정 선거에 버금가는 사상 유례없는 추악한 부정 선거, 망국 선거라는 비난을 받게 된 이유와 똑같다. 박정희는 1967년 6·8 부정 선거를 통해 3선 개헌에 필요한 의원 다수를 확보하려 했다. 똑같은 이유로 이승만 정권은 영구 집권을 하기 위한 개헌에 필요한 정족수, 즉 국회의원의 3분의 2를 장악해야 했다. 그렇게 하기 위해 허정마저 내쳤던 것이다.

이 선거에서는 한국 역사상 처음으로 당 공천이라는 게 있었다. 그전에는 같은 당이라고 하더라도 한 지역구에 여러 명이 후보로 나오고 그랬는데, 이 선거에서 처음으로 공천제가 실시됐다. 공천제를 실시한 이유가 자유당 쪽으로서는 아주 명백했다. 뭐냐 하면 동아일보를 비롯한 신문에서도 '개헌 문제 가지고 공천을 바터barter하고 있다'고 크게 보도하고 했지만 아예 대통령이 4월 6일 "개헌 조건부로 입후보케 하라", 이렇게 담화를 발표했다. 개헌을 지지하는 사람만 공천을 주겠다는 것이었다. 그래서 역사상 처음으로 정당 공천제를 실시하게 된 것이다.

그때 신문에 난 걸 보면 이런 서약서를 받았다고 돼 있다. "일, 본당 총재 각하의 지시와 당 정책에 절대로 복종할 것. 일, 민의원이 된 후에는 민의에 의한 개헌의 당 결정을 절대로 지지할 것." 이 서약서에 도장을 찍게 하고, 당시 공천 공인증이라고 불렀던 이것을 제수했다고 돼 있다. 그러고는 이 대통령은 '정당 정치에서 무소속은 출마해서는 안 된다', 이런 담화도 발표한다. 이승만 정권의 어용 단체라고 하더라도 다른 단체에서 나오면 안 되니까 그렇게 한 것이다. 이때 이승만은 자유당 국회의원 확보에 사활을 걸고 애를 썼다.

1954년 5월 28일 5·20총선의 자유당 당선자들이 경무대를 방문했다. 이 선거에서는 친일파가 대거 당선되었다. 사진 출처: e영상역사관

영구 집권을 위한 개헌을 하기 위해 이렇게 공천제를 실시하긴 했지만, 어쨌건 공천제는 정당 제도를 발전시키는 데는 필요한 것 아닌가. 그런 점에서 한국 민주주의는 아주 특이한 면을 가지고 있다고 이야기할 수 있다.

—— 5·20선거는 친일파 문제와 관련해서도 하나의 계기가 된 선거로 꼽히지 않나.

5·20총선에는 또 하나의 중요한 의미가 있었다. 이 대통령은 4월 7일 특별 담화를 발표했다. 개헌 조건부 입후보를 이야기한 6일에 이어 연달아 담화를 발표한 것이다. 이건 친일파에 대한 괴

이하기 짝이 없는 담화라고 볼 수 있다. 뭐냐 하면, 친일파에 대해 대통령이 직접 설명해주겠다는 것이었다.

"내가 말하고자 하는 것은 왜정 시대에 무엇을 하던 것을 가지고 친일이다 아니다 결정하는 것은 아니라는 것이다." 그때 뭘 했든지 간에, 가령 고등관을 지내고 또 일본을 위해 열정적으로 일한 사적이 있을지라도 그 사람이 지금 와서 잘하면 그건 친일이 아니라고 설명했다. 여기서 잘한다는 건 뭐겠나. 이승만 대통령 본인한테 충성을 다한다는 것 아니겠나.

그러니까 이 선거에서 악질 친일파들이 자유당으로 대거 나올 것이라는 걸 예고하는 이야기였다. 1948년 5·10선거는 그래도 친일파의 출마를 제한했고, 1950년 5·30선거 때도 친일파가 나오기는 꽤 많이 나와 당선됐다고는 해도 중도파 민족주의 성향의 무소속이 많이 당선되는 등 1954년 선거와는 상황이 달랐다. 또 자유당을 봐도, 그래도 족청계가 자유당을 장악했을 때는 친일파가 그렇게 많지 않았다. 어쨌든 이범석은 독립 운동을 대표하는 사람 중 한 명이지 않나. 그런데 족청계를 철저히 거세한 후 치른 5·20선거에서는 친일파가 대거 대두하는 것을 볼 수 있다.

권력에 맹종하는 국회, 친일파가 똬리 튼 자유당

—— 5·20선거 결과는 어떠했나.

선거 결과를 보면 경찰들이 애쓴 게 효험을 봤다는 걸 단박에 알 수 있다. 자유당은 36.8퍼센트밖에 득표를 못 했지만 203석 중 무려 114석이나 차지했다. 이와 달리 무소속은 67석이었고, 이승만 정권에 제일 반대하던 민국당은 15명밖에 당선이 안 돼서 그야말로 쪼그라들고 망하는 식으로 돼버렸다.

이때부터 권력에 맹종하는 국회가 출현했다. 4월혁명 시기 민주당 정권을 제외하면 6월항쟁이 일어나기 전까지의 국회라는 건 거수기 국회라는 이야기를 듣지 않나. 그게 1954년 5·20선거로 탄생한 국회에서 시작된다. 바로 이 국회부터 그런 모습이 나타난다.

이승만과 이기붕을 제외한 자유당의 핵심 간부들, 그러니까 이재학, 한희석, 장경근, 이태식, 이익흥은 전부 친일파였다. 친일파가 아닌 사람이 자유당 간부가 되기가 굉장히 힘들게 된 것처럼 보일 정도로 자유당은 친일파 일색이라고 이야기해도 지나치지 않은 상태가 됐다.

● 무소속 후보의 득표율은 47.9퍼센트로, 자유당 득표율보다 11.1퍼센트포인트 높았다.

황당무계 사사오입 개헌이 부른 민주당의 탄생과 진보당의 태동

조봉암과 이승만, 아홉 번째 마당

김 덕 련 1954년 5·20선거에서 이승만 대통령은 개헌을 지지하는 사람에게만 공천을 주겠다는 것을 분명히 했다. 선거가 끝난 후 이 제 헌법을 바꾸는 문제가 주요 정치 현안으로 떠오를 수밖에 없는 상황이었다.

서 중 석 개헌 문제가 급박하게 대두된다. 자유당은 개헌 정족수인 재적 인원의 3분의 2를 채우기 위해 국회의원을 계속 끌어들인다. 김두한이 그때 종로구에서 무소속으로 당선됐지만 그런 김두한도 선거법에 걸릴 만한 게 많이 있지 않았겠나. 그러니 김두한도 여기 에 넘어왔다. 김두한의 약점을 쥐고서 그런 식으로 한 것인데, 어쨌 건 그런 방식으로 3분의 2가 넘는 136명을 자유당 국회의원으로 확 보했다. 그것으로 됐다 싶었는데 7월 2일 역사상 처음으로 국무원 투표라는 걸 했다. 뭐냐 하면 변영태 총리를 선두로 한 새로운 국 무원이 구성됐는데, 국회에서 이 변영태와 다른 국무원들을 일괄해 신임 투표를 한 것이다. 법 해석을 가지고도 이때 논란이 많았지만 결국 국회는 신임 투표를 했다. 그랬는데 인준을 못 받았다. 재적 과반수(102표)만 획득하면 되는 것이었는데 그것조차 인준이 안 된 것이다. 그러면서 자유당은 '이러니 어떻게 개헌이 될 수 있겠는가' 하는 위기감에 빠진다.

그런 속에서 이승만 대통령은 대통령이 되고 나서 처음으로 미국에 가게 된다. 7월말 이 대통령은 미국 상하 양원 합동 회의에 서 "우리들은 당장 행동을 개시하자"고 외치면서 "소련의 생산 중 심지를 파괴하자"고 이야기했다. 소련이 수소탄을 대량 생산하기 전에 그렇게 하자는 주장까지 하고 나선다. 미국 정부 인사들과 미 국 의회 의원들은 기겁을 했다. 남의 나라 정치인이 와서 3차 대전을 일으키자고 하니, 참 놀랄 일이었다. 그러나 국내에서는 '이승만 대통령이 세계적 위인, 세계적 반공 지도자라는 걸 미국에 가서 확실히 보여줬다', 이런 식으로 됐고 이 양반이 돌아오자마자 북진 통일 운동이 또 새로운 형태로 일어나는 걸 볼 수 있다.

이런 분위기를 만들면서 9월 6일 자유당은 이기붕 외 135명이 서명해서 드디어 개헌안을 국회에 제출했다. 이건 재적 의원 3분의 2를 넘는 숫자다. 그런데도 자유당은 겁이 나서 표결을 할 수가 없었다.

뉴델리 밀회 사건에
회심의 미소를 지은 자유당

─ 소련을 정말 공격했다면 그건 핵전쟁을 기본으로 한 3차 대전으로 갈 수밖에 없었다. 물론 미국이 이승만 대통령의 말을 듣고 그렇게 할 턱이 없긴 했지만, 그렇다고 하더라도 엄청난 인명 피해를 낳을 수밖에 없는 무시무시한 주장을 공개석상에서 했다는 건 심각한 문제다. 수많은 사람이 씻을 수 없는 고통을 감내해야 했던 한국전쟁을 겪은 나라의 대통령이라는 점에서 더욱 그렇다. 다시 돌아오면, 자유당은 왜 그토록 겁을 낸 것인가.

당시 여론 조사만 보더라도 그 결과가 너무나 나빴다. 개헌안의 골자는 크게 봐서 네 가지였다. 하나는 초대 대통령에 한해 중임제한을 철폐한다는 것이었다. 초대 대통령에 한해 얼마든지 대통령을 할 수 있게 한다는 것이었다. 1952년 발췌 개헌 때는 시일이 워낙 촉박했고, 이 중임 제한 철폐 문제까지 내놓으면 문제가 더 복잡해지니까 그때는 못했던 것이다. 두 번째는 대통령제 강화였다. 국무총리제를 없애고 국무원의 힘을 약화시켜 대통령 권력을 더 강화하겠다는 것이었다. 세 번째는 국민투표제였다. 지금 중공 등에 의해 중대 상황, 국가 위기가 생길 것 같은데 그럴 경우 국민투표제를 실시하자는 것이었다. 네 번째는 경제에 관한 것이었다. 우리 제헌 헌법에는 통제 경제 내지 사회주의적 균등 경제를 강조하는 요소가 상당히 있지 않았나. 국유화, 공영화도 강조했다. 그런데 그걸 전면적으로 바꾸라고 미국이 수년간 강력하게 요구했다. 그러한 요구에 맞춰 자유 경제 체제로 방향을 전환하겠다는 것이었다.

이것이 개헌 골자였는데, 다른 것도 다 인기가 없었지만 '초대 대통령에 한해 중임 제한을 철폐한다'는 것이 특히 그랬다. 한국일보 여론 조사를 보면 16.9퍼센트만 찬성하고 78.8퍼센트가 반대한다고 돼 있다. 이런 상황에서 자유당 내 반란표가 안 생기리라고 어떻게 보장하느냐, 이 말이다. 그런데 하늘이 자유당을 돕는 일이 생겼다.

── 무엇인가.

유명한 뉴델리 밀회 사건이 발생한다. 이름만 보면 연애 이야기나 스파이 사건 같기도 한데, 야당에서 일어난 사건이다. 졸아들고 있던 민국당의 선전부장 함상훈이 10월 27일 '전 민국당우에게 고함'이라고 하면서 "우리 당에 제3세력이 침투했다"고 주장했다. 제3세력은 그전에는 주로 조봉암을 가리켰다. 극우 반공 세력을 제

조봉암과 이승만

1세력이라고 하고 공산주의자들을 제2세력이라고 하면 제3세력은 중도파, 통일을 주장하는 세력이라고 할 수 있었다. 그런데 이때 함상훈은 민국당 당수인 신익희를 제3세력으로 몰아갔다.

신익희가 1953년 영국 여왕 엘리자베스 2세 대관식에 국가를 대표해 국회 의장으로서 참석했는데, 귀국할 때 인도 뉴델리에 들러 조소앙(한국전쟁 당시 납북)을 만났다는 주장이었다. 엘리자베스 2세 이 양반은 그때 대관식을 하고 지금까지 60년 넘게 여왕으로 있으면서 영국 최장수 왕이 되었는데, 어쨌건 그때 신익희가 남북 협상 문제에 관한 밀담을 조소앙과 나눴다는 것이었다. 협상파는 다 제3세력이었다. 그러고 나서 북한에서 조소앙의 밀사 오경심이라는 여자가 내려와서 신익희를 또 만났다는 것이다. 정말 어이없고 해괴한 주장을 한 것인데, 민국당 내 옛 한민당 핵심 세력들이 신익희가 다음 대선에 못 나오게 하고 자기들이 나가려고 이런 짓을 꾸미지 않았나 싶다. 이걸 뉴델리 밀회 사건이라고 부른다.

그때 신익희와 동행했던 김동성 국회 부의장이 그건 터무니없는 주장이라는 걸 국회에서 구체적으로 이야기했다. 그것으로 이 사건은 끝내면 되는 것이었다. 그런데 자유당으로서는 드디어 어마어마하게 큰 고기가 제 발로 걸려든 것이다. 자유당은 이건 국가에 관한 중대사라고 목청을 높이면서 이 문제를 물고 늘어져 공안 분위기, 긴장을 고조시키는 분위기를 만들어냈다. 그래서 긴급 동의로 국회에서 '남북 협상, 중립화 배격 결의안' 등 아주 강경한 결의안을 연달아 막 제출해 통과시켰다. 국회 바깥에서는 드디어 또 민의대가 동원되기 시작해 지방 의회 의원들이 속속 올라와서 개헌안 통과 촉구 결의문을 전달하고, 반공혈전대사령부라는 이름으로 된 "민국당은 역적"이라는 유인물이 나돌았다. 원용덕 헌병 총사령관은 '휴전 감시 위원단 중 적성국 대표들은 일주일 이내에 철수하라. 불응하면 단호한 조치를 취하겠다'고 말했다. 이게 헌병 총사령관이 할 이야기가 전혀 아닌데도 그렇게 목청을 높이면서 분위기를 돋웠다. 또 서울운동장 같은 데서는 총궐기 대회 등을 대대적으로 열었다. 그러면서 공안 정국을 띄우는데, 이때부터 1990년대 초까지 그야말로 40년간 공안 정국이라는 걸 여러 차례 맛보게 된다.

황당하기 짝이 없는
사사오입 개헌 밀어붙인 이승만 정권

─ 공안 정국 조성은 예나 지금이나 지배 세력이 뭔가 딴마음을 품고 휘두르는 전가의 보도다. 자유당 정권은 이때 무엇을 노리고 그렇게 한 것인가.

이렇게 공안 정국을 형성해 안보 공세로 나아가고 긴장을 고조시킨 것에서 제일 중요한 목표는 자유당 내분을 잠재우는 것이었다. 반란표가 없게 하기 위해서였다. 그리고 당시 자유당뿐만 아니라 무소속 중에도 유동적 의원들이 많았는데, 이런 쪽 사람들 사이에서도 '위기 상황에서는 대통령을 중심으로 뭉쳐야 한다'는 분위기를 만들어나가고 그걸 또 개헌안에 들어 있던 국민투표제와 연결하고 그랬다.

그러면서 자유당 지도부에서는 몇 번이고 표 검사를 했을 것 아닌가. 이제는 틀림없다 싶어서 11월 20일에 상정해 11월 27일 표결에 부쳤다. 그런데 여기서 자유당이 원한 것과 동떨어진 결과가

1954년 11월 27일 개헌안 표결에서 한 표를 행사하고 있는 신익희 의원. 사진 출처: 국가기록원

나왔다. 최순주 국회 부의장이 사회를 봤는데 재적 203명 가운데 202명이 참석해 가 135, 부 60, 기권 7, 그렇게 해서 1표 차이로 부결됐다. 그래서 최순주가 이 개헌안은 부결됐다고 선언하면서 '땅땅땅' 두드렸다.

　그런데 그다음 날인 11월 28일 놀라운 일이 일어났다. 국회도 아니고 자유당도 아니고 정부에서 갈홍기 공보처장이 '국회의원들은 사사오입(반올림)도 모르냐'고 하면서 수학적으로 사사오입을 설명했다. 그러면서 개헌안이 통과됐다는 게 정부 견해라고 밝혔다.

아니, 국회에서 결의하고 나서 정부가 이런 설명을 하면 또 모르겠는데, 국회에서는 부결됐다고 명백하게 처리한 것을 가지고 정부에서 그건 통과된 것이라고 주장한 것이다. 그러면서 그다음 날인 11월 29일 야당 의원들이 총퇴장한 가운데 최순주는 다시 '개헌안 부결 번복 가결 동의안'이라는 긴 이름의 동의안을 통과시켰다. 이게 그 악명 높은 사사오입 개헌이다.

— 사사오입 개헌은 언제 들어도 어이없고, 관련자들이 두고두고 비판을 받을 수밖에 없는 한국 정치의 민낯이다. 전장에선 장병들이 쓰러지고 방방곡곡에서 다수의 국민들이 고통을 받던 1952년 우격다짐으로 발췌 개헌을 한 데 이어 2년 만에 그런 일이 또 벌어졌다는 점에서도 그렇다.

사사오입 개헌으로 이승만은 영구 집권을 할 수 있게 됐고, 그야말로 절대 권력을 행사할 수 있게 됐다. 그리고 국회의원들, 특히 여당 국회의원들은 거수기가 됐다. 그렇지만 이승만 정권이나 이 대통령이 꼭 이득만 본 건 아니었다. 시민들은 '세상에 이럴 수가 있느냐'고 분노하고 비웃었다. 그렇지 않나. 누가 봐도 상상할 수 없는 일이 일어난 것 아닌가. 자유당 정권, 이승만 대통령에 대한 비판, 냉소적인 태도 같은 것이 한껏 고조되기 시작했다.

야당은 대단한 위기감을 느끼게 됐다. '이거 우리 야당 쫄딱 망하는 것 아냐? 이렇게 되면 야당이 설 자리가 없어지게 되는 것 아냐?' 그러면서 '새로운 야당으로 탄생해야겠다. 이승만 정권에 비판적인 세력을 묶어 범야당을 만들어내자'는 움직임이 호헌동지회라는 야당 단체를 중심으로 일어나게 된다. 정치적으로 매장당하고

　　　　　　　　　　　　　　　　　조봉암과 이승만

쫓겨났던 조봉암이 이래서 다시 살아나고 화제의 초점이 된다.

조봉암을 배척하고 탄생한
0.5 보수 야당, 민주당

—— 야권을 아우르는 새로운 정당 건설 운동은 어떤 식으로 전개
되나.

호헌동지회에는 민국당은 물론이고 무소속까지 합쳐서 61명
의 의원이 참가했다. 여기서는 모두 '이제는 야당이 하나로 뭉쳐서
이승만 정권하고 대결해야 한다'는 주장을 처음에는 잘했다. 그런
데 조금 있으니까 바로 두 파로 갈라졌다. 하나는 조병옥, 장면, 곽
상훈 같은 사람들을 중심으로 한 자유민주파였고 다른 하나는 장택
상, 서상일, 신도성 등을 중심으로 한 민주대동파였다. 서상일은 한
민당, 민국당의 중진이었고 신도성은 선전부장 등을 맡으면서 한민
당 이래 민국당의 대표적인 이론가로 알려진 사람이었다.

이런 이름이 생긴 이유는 간단했다. 자유민주파는 '자유민주주
의를 지키려면 조봉암을 끌어들여서는 안 된다. 조봉암은 사절한
다. 이 당에 못 오게 해야 한다'고 주장했다. 한민당의 지주라고 볼
수 있는 김성수는 그 당시 병을 앓고 있었는데, 그런 김성수가 '조
봉암이 들어오게 해야 한다'고까지 이야기했는데도 자유민주파는
완강하게 버텼다. 이와 달리 민주대동파는 '모든 민주주의 세력은
뭉치자. 그러니까 조봉암은 당연히 오도록 해야 한다'고 주장했다.

1955년 9월 20일 자 동아일보. '민주 세력의 총 결합을 목표로 하는 민주당 발기인 대회'를 보도하고 있다.

── 자유민주파는 왜 그토록 강하게 조봉암의 합류를 막으려 한 것인가.

우선 한민당 골수 세력은 조봉암하고 숙원 관계였다. 한두 해 그런 게 아니었다. 수많은 사건과 세월을 두고 원수, 빙탄불상용氷炭不相容 같은 관계였다. 이런 점을 생각할 수 있지만 그것 못지않게 중요한 것이 있다. '곧 선거가 있는데 조봉암이 들어와서 휘젓고 다니면 다음 대통령 후보, 부통령 후보가 누가 될 것인가. 조봉암은 지난번 대선 차점자 아니냐', 이게 가장 중요한 이유가 아니었을까 라고 보는 견해도 많았다. 신익희도 대통령 선거에 나오려 했고, 조병옥과 장면 역시 적어도 부통령 후보로라도 나오려고 했다고 볼 수 있다. 어느 경우건 '조봉암이 들어오면 아주 어렵다. 문제가 심각하다', 이걸 느낀 것이다. 그래서 자유민주파를 중심으로 1955년 9월 민주당이 생겨나게 된다.

신익희를 대표 최고위원으로 한 민주당 출범은 역사적으로 상당히 의미가 있다. 지금까지도 우리나라 야당들은 이 민주당이라는 이름을 무지하게 좋아한다. 야당이 가장 선호하는 이름이 신민당과 함께 바로 이 민주당이다. 왜냐하면 1955년 이후의 민주당, 이게 국민들한테 상당히 인기가 있었다.

민주당이 실제 내건 것 자체는 별것 아니라고 볼 수 있다. 내각책임제 그리고 '자유 경제를 원칙으로 한다', 이 두 가지가 핵심이었고 다른 건 별게 없었다. 그리고 민주당은 권력을 정말 장악하려는 강한 의지를 가진 정당이라고 사람들이 보기 어려운 점도 있었다. 비실비실한 면이 보였다. 정책적으로도, 새로운 정부를 떠맡을 수 있는 대안자로서도 능력이 있는 정당이라고 사람들이 보기 어려웠다. 그래서 이 민주당을 0.5 야당 또는 0.5 보수 야당이라고 부르기도 했다.

그런데 왜 민주당이 한민당, 민국당과 달리 사랑을 받았느냐. 이승만 정권한테 되게 당하면서 참 힘들게 야당 노릇을 했다는 것도 있지만, 도시민의 불만을 야당이 해소해주기를 바라는 강한 분위기가 이 시기에 형성되고 있었다. 이때는 농촌 인구가 몰려들면서 도시화가 급속히 진전되던 시기 아닌가. 그래서 야당이 좋아서 야당을 지지하는 게 아니라 이승만 정권과 여당이 미워서 야당을 지지하는 한국적 현상이 바로 이때부터 뚜렷이 나타난다. 이건 나중에 박정희 정권, 전두환 정권이 미워서 야당을 지지하는 모습으로 이어지고 어떤 면에서는 지금까지도 계속되는 현상이다. 그런 점에서도 민주당의 출현은 역사적으로 의미가 있다고 볼 수 있다.

새로운 진보 정당 결성 움직임과
조봉암의 구상

── 민주당 탄생 과정은 그 후 한국 야당이 보인 반공주의적 속성의 근원을 잘 드러낸다. 아울러 바로 이해(1955년) 이웃 나라 일본에서 자민당이 결성되며 '55년 체제'(자민당의 압도적 우위를 기본으로 한 자민당-사회당 양당 체제)가 만들어진 것과 대비하며 음미할 대목이 있다는 생각이 든다.

일본에서는 자민당-사회당의 보혁(보수·혁신) 체제가 이때부터 1990년대 중반까지 약 40년간 계속된다.[•] 한국의 경우 자유당과 민주당은 뿌리가 같다. 둘 다 분단 반공 세력으로 불리지 않나. 따라서 이 당시 진보당이라는 것이 제대로 활동할 수 있었다면 한국에서도 새로운 정당제로 보수당-진보당의 보혁 체제가 발전하는 것을 생각해볼 수도 있었다.

그것이 9월 1일 광릉 회합으로 나타난다. 뭐냐 하면 해방 직후에는 좌파가 무지하게 많았지만 한국전쟁을 겪으면서 좌파가 활동하기가 굉장히 어렵게 되지 않나. 그 후 잔존한 진보 세력의 다수가 9월 1일 광릉에 모였다. 이걸 광릉 회합이라고 부른다. 이때 조봉암

[•] 자민당은 1993년 중의원 선거에서 과반수 획득에 실패할 때까지 38년에 걸쳐 장기 집권한다.

은 물론이고 서상일, 장건상, 정화암, 최익환, 박용희, 서세충, 정이형처럼 한때 유명했던 원로들과 함께 윤길중, 신도성, 김기철, 이명하, 조규희 같은 신진, 청년들도 모였다. 격심한 이데올로기 전쟁터에서 살아남은 진보 세력이 상당수 망라됐다고 볼 수 있다. 이렇게 모임을 같이한 것도 1956년 선거를 의식한 것이라고 볼 수 있다. 그러면서 진보 정당을 만들자는 움직임이 나온다.

— 진보 정당의 조직 방식, 노선 등을 둘러싸고 의견이 엇갈릴 수밖에 없는 상황이었다. 이때 조봉암은 일종의 용광로론을 제시하는데 그 이유는 무엇인가.

광릉 회합 이후 여러 차례 회합을 하면서 많은 논란이 오갔다. 지도층 구성에서 누구를 배제할 것인가 하는 문제를 갖고도 논란이 일었고, 노선 문제에 대해서도 진보 세력으로서는 또 논란이 많이 생길 수밖에 없었다. 장건상, 정화암 등은 선이념 통일, 후창당을 주장했다. 먼저 이념을 통일하고 나서 진보 정당을 만들자는 것이었다. 그러나 조봉암은 선창당, 후이념 통일을 주장했다. 무슨 이야기냐 하면 이념 통일부터 먼저 하려고 하면 신당 발족은 백년하청이다, 이 말이었다. 될 수 없는 것이라는 말이었다. 정당은 정치 단체이지 사상 단체가 아니라고 조봉암은 주장했다. 따라서 진보주의자들을 한 가마 속에 다 털어 넣고 거기서 쇠는 쇠대로, 금은 금대로 가려내야 한다는 주장을 편 것이다. 이건 현실론이라고도 볼 수 있다.

그 당시 진보 세력 또는 혁신 세력은 굉장히 다양했다. 일제 때어디서 활동했느냐, 이것부터 다 달랐다. 예컨대 만주, 노령 지방,

중국 관내, 일본, 국내 중 어디서 활동했느냐에 따라 사상적으로 차이가 나기도 했다. 그리고 해방 후 그 복잡한 정국에서 여러 가지 이합집산이 있었고 전쟁을 겪으면서 또 얼마나 많은 사람이 죽고 그랬나. 그런 여러 가지가 있었기 때문에, 진보 세력을 어떻게 결집할 것인가 하는 건 굉장히 어려운 문제였다. 그러니까 먼저 당을 만들어놓고 당을 운영하면서 거기서 구체적인 논의를 해나가자, 이게 조봉암의 구상이었다.

나중에 진보당을 보면 진보당이 인적으로 복잡하게 구성된 걸 알 수 있다. 그게 한국적 혁신계다. 어떻게 보면 1987년 6월항쟁 이후에도 똑같은 현상이 나타나는 것 아니냐, 그렇게 볼 수도 있다. 이념이 상당히 다른 사람들이 민중당도 만들고 하는 것을 볼 수 있지 않나.

"피해 대중의 자각과 단결" 강조한
진보당 발기 취지문

── 우여곡절 끝에 진보당이 그 지향을 세상에 드러내는 단계에 접어든다. 진보당 추진 세력은 무엇을 내세웠나.

1955년 12월 22일, 드디어 진보당 발기 취지문과 강령 초안이 발표된다. 진보당이라는 이름은 조봉암이 주장한 것인데, 진보당 발기 취지문과 강령 초안 발표는 우리나라 진보 세력의 노선, 길에서 아주 중요한 새로운 시작이라고 볼 수 있다. 공산주의와 자본주의에 반대하는 제3의 길을 제시했다는 이야기를 듣고 있다.

발기 취지문에는 "진정한 혁신은 오로지 피해를 받고 있는 대중 자신의 자각과 단결 위에서만 실현될 수 있다는 걸 깊이 인식하고"라는 말이 들어가 있다. 이것도 조봉암이 집어넣은 것으로 얘기되고 있다. 여기서 "피해를 받고 있는 대중"이라는 게 뭐냐 하는 것이 나중에 크게 논란이 된다. 진보당 사건을 일으킬 때 극우 반공 세력은 '이게 바로 노농 독재를 하려는 주장'이라는 식으로 해석했다.

　　강령을 보면 "공산 독재는 물론 자본가와 부패분자의 독재도 배격"한다고 돼 있다. 1946년 방향 전환을 할 때 이미 주장한 것인데, 조봉암은 죽을 때까지 계속해서 이 주장을 했다. 제일 논란이 되는 것으로 통일 문제가 있는데, 여기서도 아직 평화 통일을 주장하지는 못했다. 다만 "민주 우방과 제휴하여 민주 세력이 결정적 승리를 얻을 수 있는 조국 통일의 실현"을 말했다. 이건 북한만이 아니라 남한의 극우 세력에 대응하는 태도도 들어가 있는 것일 텐데, 표현을 그렇게 했다.

　　진보당을 만들기 위한 작업은 진보당 추진 준비위원회 구성으로 이어졌는데, 대통령 선거가 눈앞에 닥쳐버렸다. 1956년 3월에 가서 진보당 추진위원 208명의 명단이 발표됐다. 여기에는 조봉암, 이동화, 서상일, 윤길중, 신도성처럼 이름 있는 사람들이 들어가 있었지만 원내 의원은 신도성 한 사람밖에 없었다. 그런데 나중에 그 유명한 '장군의 아들' 김두한 의원도 여기 들어왔다. 그걸 보면 김두한도 뭔가 생각하는 게 있었던 것 같다.

"못살겠다 갈아보자" 열풍과
조봉암 돌풍 거셌던 1956년 대선

조봉암과 이승만, 열 번째 마당

김 덕 련 조봉암은 1952년에 이어 1956년에도 대선에 출마한다. 1956년 대통령 선거는 현대사에서 결정적인 대선 중 하나로 꼽히지 않나.

서 중 석 1956년 5월 15일 치러진 정부통령 선거여서 5·15대선이라고 불린다. 1956년 대선은 1971년 대선, 2002년 대선과 함께 우리 현대사에서 가장 멋지다고 할까, 의미가 있고 중요했던 대선이라고 이야기할 수 있다.

이 세 선거에서는 모두 그전에는 볼 수 없던 참신한 선거 공약, 다양한 선거 운동 방식이 출현했다. 그런 점에서도 민주주의가 살아나고 꽃을 피우는 면이 있었다. 그뿐 아니라 이 세 선거는 박빙이었다. 누가 대통령이 될지 알기가 어려웠다. 예컨대 1971년에 박정희 후보가 당선될지, 김대중 후보가 당선될지 마지막 순간까지 그렇게 쉽게 알 수가 없었다. 2002년에도 노무현 후보와 이회창 후보 중 누가 될지 그야말로 선거 당일까지도 모르지 않았나. 1956년 선거 때는 '신익희가 살아 있었으면 신익희가 꼭 됐을 거다', 이런 소문이 많이 돌았고 '조봉암도 이승만과 박빙이었다'는 주장도 많다. 그런 점에서도 끝까지 손에 땀을 쥐게 한 선거였다. 선거가 좀 그런 맛이 있어야 하지 않나. 이런 여러 가지를 생각하면 우리 현대사에서 대단히 중요하고 의미 있는 선거였다고 볼 수 있다.

민주당에서는 대통령 후보로 신익희가 나왔다. 조병옥이 대통령이나 부통령 후보로 나오려고 했지만, 장면을 미는 반민국당 세력이 강했다. 이 세력이 나중에 민주당 신파가 되는데, 부통령 후보로 장면을 내세웠다. 진보당 추진위원회, 이제부터 그냥 진보당이라고만 부를 텐데, 여기서는 대통령 후보로 조봉암, 부통령 후보로

서상일을 결정했다. 그러나 서상일이 반발하고 고사해서 부통령 후보가 박기출로 바뀌었다.

희대의 웃음거리 '우의마의 소동'과
800만 민의 동원

— 이 선거에서도 관제 민의가 기승을 부렸다. 구체적으로 어떠했나.

이 선거에서는 시작하기 전부터 1952년 8·5 정부통령 선거 때 보였던, 있을 수 없는 방식의 사전 선거 운동이라고 할 수 있는 선거 운동이 이뤄졌다. 1954년 사사오입 개헌이라는 게 어떤 식으로 된 건지는 모두 알고 있었던 것 아닌가. 그걸 통해 '초대 대통령에 한해 중임 제한을 철폐한다'고 해놨는데, 이승만 대통령은 1956년 3월 5일 대선에 출마하지 않겠다고 유시諭示를 발표했다. 자유당에서 이날 대통령 후보에 이승만, 부통령 후보에 이기붕을 추대했으니 이승만 대통령은 당연히 그것에 따르면 되는 건데도 그랬다. 유시라는 말도 참 기분 나쁜 말로 볼 수 있다. 국민들을 타일러서 국민들에게 알려준다는 뜻 아닌가. 이승만 대통령은 유시를 많이 발표했는데 이때도 유시를 발표했다. 그러면서 출마하지 않겠다고 했다.

이러면 민의가 가만있을 수 없는 것 아닌가. 대한노총, 국민회, 부인회, 어민회, 참전전우회, 애련(애국단체연합회) 같은 단체들이 방방곡곡에서 앞다퉈 민의 출동을 했다. 제발 출마해달라며 궐기 대회를 열고 경무대(오늘날 청와대)에 쳐들어갔다. 이 대통령은 3월 10일 외국 기자한테 '국민이 강청하면 출마를 고려할 수 있다'는 뜻으로 얘기하면서 "나는 그들(국민)이 원하는 것이라면 무엇이든지 할 생각으로서 자살을 원한다면 자살이라도 하겠다"고 말했다. 세상에, 이런 유치한 발언을 어떻게 대통령이 할 수가 있나 싶은데, 이 민의 발동에서 제일 사람들을 웃긴 유명한 사건인 우의마의牛意馬意 소동까지 벌어졌다.

— 속이 뻔히 보이는 방식으로 관제 민의 발동이 이뤄지고 현직 대통령은 자살을 운운하는 모습은 쓴웃음을 짓게 만든다. 우의마의 소동은 워낙 유명한 것이긴 하지만, 젊은 독자들 중에는 그것이 어떤 소동이었는지 잘 모르는 이들도 있을 것 같다. 어떤 소동이었나.

1950년대에는 우의마의, 사사오입, 그리고 이 대통령이 방귀를 뀌자 그 옆에서 한 각료가 이야기했다는 "각하 시원하시겠습니다", 이 세 말이 참 인기를 끌었다. 우의마의 소동이 뭐냐 하면 대한노총에 소속된 우마차조합에서 3월 12일 우마차 800대를 동원해 시위를 벌인 것이다. 소하고 말조차 이 대통령의 출마를 원한다는 것이었다. 그렇게 써 붙이고 다녔다. 그래서 서울 시내가 온통 소똥, 말똥으로 가득 차고 그 냄새가 지독했는데 정말 기가 막힌 일이었다.

이렇게 우의마의 소동을 벌이니까 전차도 가만있을 수 없는 것 아닌가. 그다음 날(3월 13일), 기계인 전차도 민의를 발동했다. 이번에는 경전京電 노동조합이 판을 벌였는데, 이게 또 교통을 혼잡하게 만들었다. 3월 14일에는 마사회에서 마상 시위를 벌이고, 선거권

시위대가 말을 타고 이승만 대통령 3선 출마 촉구 시위를 벌이고 있다. 사진 출처: e영상역사관

차량을 타고 이승만 대통령의 3선 출마를 촉구하는 시위 행렬. 무려 500만에 가까운 사람이 민의 시위에 동원됐다고 나온다. 사진 출처: e영상역사관

불교계에서도 이승만 대통령 3선 출마 촉구 시위를 벌였다. 사진 출처: e영상역사관

이승만 대통령의 3선 출마를 요청하는 진정서, 결의문들. 사진 출처: e영상역사관

이 없는 남녀 중·고등학생들도 비를 흠뻑 맞으면서 시위를 벌였다. 3월 15일에는 영화인·무대예술인협회 회원들과 댄서까지 막 동원돼 민의 발동을 했다. 이런 식으로 발동된 민의 시위 참가자가 500만 명으로 집계됐다고 보도됐다.

그러자 마음 약한 이승만 대통령이 3월 20일 이런 발표를 했다. "보름이나 되도록 우설雨雪을 무릅쓰고 불철주야로 경무대 앞에 와서 호소하고 있어, 이를 보고 나로서는 견딜 수가 없으니, 지금부터는 이렇게 하지 말고 각각 글로 써서 보내주기 바란다." 그럼 이제 사람들은 연판장을 만들어야 하는 것 아닌가. 연판 운동으로 300만 명 이상의 민의가 들어온 걸로 돼 있다. 탄원서, 혈서 같은 형태로 300만 이상이 들어왔는데, 한 경관이 연판장 받으러 다니다 사망하는 사건이 발생하기도 했다.

그러니까 이 대통령은 "내가 이에 불응하면 민중들이 다시 몰려올 것 같아서 민의에 양보하여 재출마하기로 결정하였다"는 성명을 생일 3일 전인 3월 23일에 발표했다. 재출마 담화를 발표할 때 이 양반은 또 기이한 소리를 했다. '대통령 후보 한 사람의 선거 비용으로 100만 환 이상 쓰지 못하도록 법률을 제정해야 한다', 이렇게 나온 것이다. 당시 100만 환이면 약간 큰돈이긴 하지만 그렇게 큰돈은 아니었는데, 간단히 얘기하면 다른 당 후보들은 돈을 못 쓰게 해야 한다는 주장이었다.

—— 예전에 우의마의 소동에 관한 자료를 읽으며, 말 못하는 짐승들까지 그 덕을 흠모해 영웅을 도왔다는 식의 고대 신화들을 떠올린 적이 있다. 이 소동을 일으킨 사람들이 그런 것까지 생각했는지는 확인할 수 없지만, 고대 신화의 분위기를 연상케

하는 일이 20세기 한국의 수도에서 벌어졌다는 건 여러모로 쓸쓸한 일이다.

아울러 선거는 자유민주주의의 기본이다. 관제 민의를 대규모 발동하는 것은 그러한 자유민주주의의 기본조차 훼손하는 일일 수밖에 없다. 그렇게 동원된 사람들 중 상당수가 이승만을 찍지 않은 것도 어찌 보면 당연한 일이라는 생각도 든다.

민의 발동을 통해 동원한 800만(민의 시위 500만, 연판 운동 300만)명은 당시 유권자의 대다수를 차지한다고 볼 수 있다. 이 대선에서 이승만이 실제로 득표한 504만 표보다도 대략 300만이나 더 많다. 형식상으로 따지면, 민의 발동을 했으면 그 사람은 당연히 이승만을 찍어야 하는 것 아닌가. '이승만 대통령이 나오지 않으면 우리나라는 망한다. 큰일 난다'고까지 주장하면서 민의 발동에 나섰던 것 아닌가. 그런데도 결과가 그랬다.

문제는 이런 선거 방식이 있을 수가 있는 것인가 하는 것이다. 이건 1960년 3·15 부정 선거와 또 다르게 정말 있을 수 없는 일 아닌가. 사전 선거 운동이라는 것만으로 얘기할 수 없는 수준이다. 사전 선거 정도가 아니라 이건 사람들을 동원해 그들로 하여금 찍도록 만들어버리는 것 아닌가. 국력도 많이 낭비하는 행위였다. 이건 아주 나쁜, 최악의 선거 운동 방식 아닌가. 그걸 1952년에 하더니만 1956년에 또 그렇게 한 것이다. 그러고는 1960년에 가서는 다른 방식을 택하게 된다.

3월 28일, 정부는 5월 15일에 선거를 실시하겠다고 발표했다. 그다음 날(3월 29일), 이 대통령 81회 탄생 경축식이 서울운동장에서 대대적으로 열렸다. 나이도 참 많이 자셨는데 이때 그런 행사가 열렸다. 남녀 고교생 수만 명이 참가해서 '우리 대통령', '대통령 찬가' 같은 노래를 하고 매스 게임을 했다. 서울뿐만 아니라 각 지방에서도 경축 행사를 했다. 이것도 어떻게 보면 사전 선거 운동이다. 다른 때와 달리 선거가 있는 해였으니까 이런 건 자제했어야 할 일인데, 빤히 세상이 다 알게끔 이렇게 대대적으로 행사를 벌이는 걸 볼 수 있다.

야권 후보 단일화 줄다리기에서
조봉암이 사퇴하지 않은 이유

— 1956년 대선은 야권 후보 단일화가 핵심 사안으로 떠오른 대표적인 대선 중 하나다. 야권 후보 단일화 논의는 어떤 방식으로 전개되나.

정부통령 후보 등록 마감일인 4월 7일부터 선거에 돌입하게 된다. 선거에 돌입하기 전부터 이미 '야당은 단일화돼야 한다. 한 명이 나와야 이승만한테 이긴다', 그런 분위기가 감돌았다.

여기서 야권 단일화를 이야기하기 전에 조봉암이 출마하는 게 어떻게 가능했는가, 이걸 먼저 생각해봐야 한다. 왜냐하면 1954년에는 국회의원 선거 출마조차 봉쇄되지 않았나. 국회의원 선거에도 출마할 수 없었던 사람이 어떻게 대통령 선거에 출마할 수 있었을까? 이상하기 짝이 없지 않나. 이유는 아주 간단하다. '조봉암이 나오면 신익희 표를 갉아먹을 수 있다. 그러니 이번에는 출마할 수 있게 하자', 그런 것 아니었겠나. 그래서 조봉암도 후보 등록을 할 수 있게 된 것이다.

그런 가운데 헌정동지회 쪽에서 '빨리 단일 후보를 세워야 한다'고 밀고 나갔다. 헌정동지회의 주요 인물은 조봉암과 가까웠던 송방용이었다. 조봉암 측은 '3개 원칙을 받아들이면 우리는 양보하겠다'고 나왔다. 그 세 원칙은 책임 정치 구현, 수탈 없는 경제 체제 실현, 평화적 방법으로 남북 통일을 이룩할 것이었다. '평화적 방법으로 통일'이 드디어 들어가 있었다. 수탈 없는 경제 체제 실현, 이건 전에 다른 야당도 많이 주장한 것이고 자유당도 창당할 때 그와 비슷한 주장을 했다.

— 조봉암 쪽의 제안에 민주당은 어떤 반응을 보였나.

물론 이걸 민주당이 받아들일 턱이 없었다. 수탈 없는 경제 체제 같은 건 적당히 넘어갈 수 있지만, 통일 문제는 그렇게 간단한 문제가 아닐 수 있었다. 민주당은 못 받아들이겠다고 나왔다. 그래서 깨진 것 같았는데 다시 장건상을 비롯한 정치인들이 "무조건 연합 전선을 펴야 한다"는 성명을 발표했다. 이어서 김창숙, 이명룡을 비롯한 원로 18명이 야당의 행동 통일을 호소하고 나섰다. 그러니까 다시 신익희와 조봉암이 비밀리에 만났다. 여기서 여러 이야기가 오갔다. 핵심은 조봉암이 '내가 양보할 테니까 그 대신 당신이 이러저러한 것을 해야 한다'고 주장한 것이었고, 그중 하나가 '부통령 후보는 민주당이 양보해라', 이것이었다.

그런데 부통령 후보 문제는 신익희가 처리할 수 있는 사안이 아니었다. 하고 싶어도 안 되는 게 장면을 강력히 옹호하는 세력이 있었기 때문이다. 그래서 신익희, 조봉암, 박기출, 장면 이렇게 네 명이 만나는 4자 회담을 열기로 했는데, 아닌 게 아니라 장면은 불참했다. 부통령 후보를 그만두지 않겠다는 걸 확실하게 보여준 것이다. 네 명이 모이기로 했다가 세 명만 모인 때가 4월 27일인데, 여기서 무언의 묵계가 오간 것으로 이야기들을 하고 있다. 간단하지 않나. 조봉암이 '언젠가 내가 사퇴하겠다'는 것을 은근한 형태로 신익희한테 암시해줬을 것이다. 그러면서 5월 초에 다시 후보 단일화가 추진됐다. '이제 의견 일치를 보고 있다', 이렇게 신문에 보도되던 상황이었는데 5월 5일 신익희가 죽었다.

— 그처럼 사퇴할 생각이 있었다면 일찍 사퇴해 야권 후보 단일화를 명확히 하는 게 더 좋은 방법이라고 볼 수도 있을 텐데, 조봉암은 왜 그렇게 하지 않은 것인가.

거기엔 두 가지 이유가 있다고 볼 수 있다. 이건 1987년 6월항쟁 이후 치러진 13대 대선에서 진보 세력이 보인 모습과도 닿아 있다. 그때 백기완 후보가 독자 후보로 나왔다가 들어가지 않나.° 그때 그 양반도 바로 들어가지는 않는다. 그 이유로 '우리 주장을 국민들에게 충분히 알린 다음에 들어가야 할 것 아니냐', 이런 게 강하게 제시되지 않았나. 대선 후보한테는 TV를 통해 그 주장을 전국에 내보낼 수 있는 기회가 있었기 때문이다. 1956년 선거, 이때도 마찬가지였다. 조봉암도 '들어가더라도, 우리 진보당의 입장을 최대한 알리고 나서 들어가야 한다', 이런 생각을 했으리라고 본다. 여

● 당시 민중 후보로 출마한 백기완은 김영삼·김대중에게 야권 후보 단일화를 호소했으나 이뤄지지 않자 나중에 후보 사퇴를 했다.

기서 진보당의 입장이라는 건 조봉암 자신의 입장이기도 하다.

또 하나는 '내가 일찍 들어가버리면 오히려 신익희 후보한테 중대한 문제가 생길 수 있다. 차라리 나하고 경쟁하는 상태로 있는 게 신익희한테 도움이 된다', 조봉암이 이렇게 판단했을 것이라는 점이다. 뭐냐 하면, 신익희와 조봉암이 이 선거의 중반까지 선거 운동을 할 수 있었던 건 두 후보가 대립해 야권 표를 분산시킬 것이라고 이승만 쪽에서 봤기 때문이다. 그런 속에서 만약 조봉암이 일찍 사퇴하면 신익희도 선거 운동을 하기가 어려워지게 돼 있었고, 신익희의 생명이 위협을 받는 일이 발생할 수도 있는 상황이었다. 이게 굉장히 어려운 논리이긴 한데, 조봉암이 일찍 사퇴하지 않은 데에는 이런 것이 깔려 있었다고 볼 수 있다.

국민들의 가슴을 울린
"못살겠다 갈아보자"

— 선거 운동 기간 중 이승만 대통령은 어떤 모습을 보였나.

이 선거의 경우 선거 운동에서 몇 가지 특징적인 점, 그 후에도 잘 안 나타나고 그 이전에도 없었던 현상이 몇 가지 나타나게 된다. 신익희가 한강 백사장에서 연설하는 그 유명한 유세가 있었던 5월 3일, 이승만 후보는 '나는 지방 유세를 하지 않겠다'고 밝혔다. 대통령 후보로 나왔으면 유세를 하는 것이 너무나 당연하지 않은가. 그런데 이분은 사전 선거 운동은 해놓고 유세는 또 안 하겠다는 도무지 이해할 수 없는 소리를 했다. 그렇지만 유세를 안 하는

민주당 신익희 후보 측에서 내건 선거 구호
"못살겠다 갈아보자". 이 말처럼 국민들의
심금을 진정으로 울리는 말은 없었다.
사진 출처: 국가기록원

1956년 논산에서 이승만 대통령의 연설을
듣고 있는 사람들. 유세를 하지 않겠다던 이승만
대통령은 논산 훈련소와 7개 역(논산, 대전,
조치원, 천안, 평택, 수원, 안양)의 플랫폼에
연단을 만들어놓고, 꽉 찬 군중 앞에서 연설했다.
사진 출처: 국가기록원

것이 찜찜했던지 논산 훈련소와 7개 역(논산, 대전, 조치원, 천안, 평택, 수원, 안양)의 플랫폼에 연단을 만들어놓고, 꽉 찬 군중 앞에서 계속 연설했다. 이건 유세가 아니라 연설인가 보다. 눈 감고 아웅 하는 격이었다.

연설의 핵심은 "일본과 화동하여 국가의 독립과 자유를 발전케 하겠다든가 …… 하는 것은 다시 국권을 일본에게 빼앗겨도 좋다는 것", 이것이었다. "일본과 화동하여"라는 건 일본과 평화적으로 국교 정상화를 하자는 뜻일 터인데 신익희도, 조봉암도 이런 입장이었다. 일본과 불필요한 충돌을 해서는 안 된다, 가능하면 서로 좋은 관계를 맺도록 노력해야 한다는 것이 두 사람의 생각이었다. 그렇지만 여기서 이승만 대통령은 주로 신익희를 겨냥해 이야기한 것이라고 볼 수 있다. 1954년 5·20선거를 앞두고 이 대통령이 친일파에 대한 괴이한 담화를 발표했다고 지난번에 이야기하지 않았나. 그러한 이 대통령이 이때는 '지금 일본과 화친하자고 하는 자가 진짜 친일파'라는 식으로 시사한 것이다. 또 이 대통령은 이 연설에서 "공산당과 싸우지 않고 평화적으로 통일을 하겠다든가 하는 것은 …… 소련을 조국이라고 하는 류의 언동이다", 이렇게 규정했다. 이건 조봉암을 겨냥한 것이었다. 이런 식으로 신익희 후보와 조봉암 후보를 색깔로 몰아치는 연설을 이분은 계속하고 담화로도 발표했다.

— 1956년 대선에서는 그 후 오랫동안 사람들의 입에 오르내리는 유명한 구호가 탄생하지 않았나.

이 선거에서는 놀랍게도 선거 구호가 큰 영향을 줬다. 민주당

민주당의 구호에 맞서 자유당 측에서는 "가러봤자 더 못산다"로 맞섰다. 사진 출처: e영상역사관

에서 내건 "못살겠다 갈아보자", 이게 그야말로 선풍적인 인기를 끌었다. 이 말처럼 국민의 심금을 진정으로 울리는 말이 없었다. '이승만 정권 하에서는 정말 못살겠다. 그러니 갈아보자', 이 얘기였다. 그야말로 대단한 분위기를 만들어내고 인기를 모았다. 자유당은 이 것에 대항해 "갈아봤자 더 못산다", "갈아봤자 별수 없다", "구관이 명관이다" 같은 것들을 비롯한 여러 구호를 정하고, 나름대로 묘안이라고 여겨 각지에 포스터 같은 걸 덕지덕지 붙였다. 하지만 "못살 겠다 갈아보자", 이 구호 앞에서는 아무 효력이 없었다.

자유당은 서울, 부산, 대구 같은 대도시에서 대통령 후보건, 부통령 후보건 정말 인기가 없었다. 선거 운동 하기가 힘들다는 이 야기를 들을 정도였다. 예컨대 서울 같은 경우 4월 16일에 3당 선전부장 합동 정견 발표회가 있었는데 그때 민주당과 진보당의 두

조봉암 후보 측에서는 "이것저것 다 보았다.
혁신밖에 살길 없다"라는 구호를 내걸었다.
사진 출처: 국가기록원

연설자는 만당滿堂의 박수를 받았다. 그런데 마지막으로 자유당의 황성수가 등장하자 "우우우" 소리가 터져 나와 말문을 막아비렸디. 이 정도로 대도시에서는 이승만, 이기붕 후보의 인기가 나빴다. 선거 운동을 하기도 힘들고, 자유당 노릇을 하기도 이때는 아주 힘들었다.

그와 달리 민주당이 5월 3일 한강 백사장에서 대통령 선거 유세를 했을 때 20만 인파가 몰렸다고 한다. 당시 동아일보는 30만이라고 보도했다. 유세장에 이렇게 많이 모인 건 1971년 김대중 후보의 장충단 유세 이전까지는 전무후무한 일이었다. 장충단 유세에 와서 이 기록이 깨진다. 그 정도로 신익희 후보는 대단한 인파를 모으며 전국을 흥분시켰다. 그래서 민주당은 '이 기세를 몰아 호남에 가서 또 선거 바람을 일으키자', 이렇게 했는데 5월 5일 새벽 이리 (오늘날 익산)에 조금 못 미쳐 함열 부근에서 신익희 이분이 갑자기 사망했다.

진보당도 인기가 좋았다. 4월 14일 서울 수송국민학교에서 조봉암이 정견 발표회를 했을 때는 심지어 동아일보조차 '인산인해를 이뤘다'고 얘기할 정도로 인기를 끌었다. 동아일보는 당시 진보당 쪽에 대해 아주 안 좋게 쓴 경우가 많은데도 그랬다.

"조봉암보다는 이승만", 민주당의 극우 본색

— 선거에서 빼놓을 수 없는 것이 선거 자금 문제다. 각 당의 사정은 어떠했나.

1956년 5월 23일 신익희 장례식 행렬. 신익희는 대선 기간에 이리에서 급서했다. 신익희가 죽자 민주당은 조봉암을 지지하지 않겠다고 분명하게 천명했다. 사진 출처: e영상역사관

자유당은 막대한 선거 자금을 보유하고 있었다. 이와 달리 민주당은 어느 정도만 갖고 있었을 뿐이고 진보당은 거의 없었다. 한 신문은 이렇게 표현했다. "벽보전을 가지고 비유한다면 자유당은 비행기, 민주당은 버스로 하고 다니고 진보당은 지게일지 모른다." 비행기, 버스, 지게로 세 당이 당시 어떤 식으로 움직이는지를 표현한 것이다. 이런 가운데 이승만 정부는 4월 15일에 또 이상한 조치를 했다. 정치 자금으로 은행 돈이 나가는 걸 방지한다는 구실로 5월 15일까지 모든 은행 대출을 중단시킨다고 했다. 야당의 자금줄을 봉쇄하려고 그런 조치까지 했다.

어쨌건 신익희가 죽었으니까 이제 야당 후보 단일화는 자동적으로 됐다고 봐야 하는 것 아닌가. 그러나 민주당이 그런 당이냐 하면, 결코 그렇지 않았다. 신익희 후보가 죽자 그다음 날 바로 민주

당은 "본당 이외의 대통령 후보자는 정치적 행상行狀이나 노선으로 보아 그 어느 편도 지지할 수 없다"면서 조봉암을 지지하시 않겠다고 분명하게 천명했다. 김준연은 심지어 "조봉암을 지지할 수는 도저히 없으므로 이승만 박사를 지지해야 한다"고까지 역설했다. 1952년 8·5 정부통령 선거 때도 이와 비슷한 반응을 민국당이 보이지 않았나.

이런 속에서도 헌정동지회라든가 야당 연합을 주장했던 여러 원로와 정치 세력들은 야당 연합을 해야 한다고 강조했다. 김창숙 같은 분은, 정 그렇게 하지 않는다면 대의에 따라 "나는 조봉암을 지지하겠다"고 공언했다. 야당 연합을 처음 제기한 방식으로 제대로 하지 않는 건 말이 안 되고 원칙에 어긋난다면서 김창숙이 그렇게 얘기하는 걸 볼 수 있다.

─ 민주당의 극우 반공적 성격이 이 문제에서 다시 한 번 드러났다는 생각이 든다. 신익희 사후 야권 후보 단일화 문제에 대해 진보당은 어떤 모습을 보였나.

5월 9일 진보당은 박기출을 부통령 후보에서 사퇴시켰다. 발표된 득표 숫자만 놓고 보면 장면은 약 21만 표 차이로 아슬아슬하게 부통령에 당선된다. '약 21만 표 차이 승리라는 건 박기출 사퇴 때문에 가능했다', 단적으로 이야기해서 그렇게 볼 수 있다. 박기출이 사퇴함으로써 장면이 당선될 수 있는 중대한 이변, 변화가 일어났던 것이다.

개표 때 진보당은 이러저러한 사정으로 참관인을 거의 내지 못했고, 참관인으로 들어갔더라도 바로 쫓겨났다. 그러면 민주당이 적어도 조봉암 대통령 후보 표는 지켜줬어야 할 일인데 전혀 지켜주지 않은 것으로 알려져 있고, 어떤 글에는 음모론까지 나온다. 자유당과 민주당이 모의를 했다는 주장이다. 극우적 성향이 있었던 보수 세력들이 얼마만큼 혁신 세력, 진보 세력을 두려워하고 있는지를 단적으로 보여주는 게 이 선거라고 얘기할 수 있다.

신익희가 죽은 직후부터 이 선거는 분위기가 싸늘하게 돌아갔다. 그러면서 조봉암 쪽에서는 선거 운동을 하기가 굉장히 힘들게 됐다. 충남, 강원 같은 데서는 유인물을 뺏기고 테러를 당하고 경찰한테 경고를 받고 쫓겨 오기도 했고, 경북도당 선전부장이 괴한들에게 납치돼 고문, 폭행을 당해 실신하는 일도 벌어진다. 이렇게 되니까 조봉암이 5월 11일경부터 소재를 밝히지 않는 상태에까지 이른다.

조봉암 득표수에 놀란 보수 세력,
장면 부통령 당선에 자유당은 초상집

— 다른 사람도 아닌 후보 본인조차 선거 운동을 할 수 없는 상황은 이승만 정권이 어떤 정권인지를 잘 보여준다. 그렇게 내몰린 속에서도 조봉암은 상당히 많은 표를 모았다. 오늘날까지 어떤 진보 정당 후보도 이 시기 조봉암만큼 많은 득표를 하지 못했다는 점은 여러 가지를 생각하게 만든다.

• 박기출은 자유당과 민주당이 부통령 표는 그대로 처리하고 대통령 표는 선거 관리인에게 일임하기로 모의했다고 주장했다.

투표함을 열고 투표용지를 확인하는 모습. 1956년 대선에서 이승만은 504만 표, 조봉암은 216
만 표를 얻은 것으로 발표됐다. 사진 출처: e영상역사관

이 선거 결과는 자유당, 이승만 대통령, 그리고 민주당을 포함
한 모든 보수 세력을 그야말로 놀라게 했다고 이야기할 수 있다. 발
표된 선거 결과만 놓고 보면 대통령 선거에서 이승만은 504만 표,
조봉암은 216만 표를 얻었다. 민주당에서는 조봉암을 지지하지 않
고, 지지자들에게 추모 표를 찍으라고 했다. 추모 표는 100퍼센트
무효표다. 한마디로 사표다. 그래서 이 무효표의 대부분은 신익희
지지표라고 볼 수 있는데, 이게 역시 많았다. 185만 표로 집계돼 있
다. 그래서 조봉암과 신익희의 표를 합치면 이승만 표에 육박하는
것 아니냐는 이야기를 하고 그랬다.

더 놀라운 것은 서울의 경우다. 투·개표 부정을 제일 못하는
곳이 서울일 터인데, 60만 투표자 가운데 이승만 표가 20만 표, 조

조봉암과 이승만

봉암 표가 11만 표, 신익희를 지지했다고 볼 수 있는 무효표가 28만 표였다. 세상에, 그토록 '위대한 지도자'라는 이승만이 죽은 신익희보다도 많이 떨어진 것이다. 이렇게까지 패배할 수 있느냐 싶을 정도로 이승만 쪽으로서는 참담한 결과였다.

나중에 다시 이야기하겠지만 이 선거에서 조봉암이 얻은 표와 이승만이 얻은 표가 논란이 많이 된다. 하여튼 이승만은 이 선거를 겪고서, 마치 1971년 선거를 겪고 박정희가 유신 체제로 막 달려간 것과 똑같이 이제는 어떤 방식으로 선거를 치를 것인가를 새롭게 생각하지 않을 수 없게 됐다.

— 이승만 정권을 곤혹스럽게 한 건 조봉암의 선전만이 아니었다. 부통령 선거에서 장면이 이기붕을 꺾은 것도 이승만 정권으로선 큰 타격 아니었나.

장면이 승리하자, 이승만 대통령도 굉장히 분노가 컸겠지만 자유당은 그야말로 초상집이었다. 사사오입 개헌 때라도 늦게나마 러닝메이트제를 넣었으면 문제가 없었을 텐데 그렇게 하지 않았기 때문에 일어난 일이었다. 사사오입 개헌 때 러닝메이트제를 넣었으면 아마도 국민 대다수 그리고 야당까지도 대부분 찬성했을 것이다. 그런데도 러닝메이트제를 그때 넣지 않았다. 그뿐만 아니라 '대통령 궐위 시 부통령이 승계한다'는 것을 사사오입 개헌 때 명문화해 버렸다.

아 옛말에 노인네 죽는 것하고 가을 날씨는 알 수가 없다고 하지 않나. 이승만은 이때 만 81세였다. 우리 나이로 70세가 되면 고희古稀라고 했지만, 그 당시는 우리나라 전체를 가지고 이야기해도 그 정도로 나이가 지긋한 사람이 얼마 안될 때다. 그러니 자유당이 얼마나 강한 위기감을 느꼈겠나. '이서 정말 큰일 났다. 이러다 장면한테 정권을 송두리째 넘기는 것 아니냐' 하는 위기감을 가질 수밖에 없었다.

"투표에 이기고 개표에 지고",
부정 없었더라면
1956년 대선 결과는…

조봉암과 이승만, 열한 번째 마당

김 덕 련 1956년 대선 결과 이승만 후보가 당선자라는 발표가 이뤄진다. 그렇지만 이것이 당시 상황에 부합하는 결과인가에 대해 그간 숱한 의문이 제기됐다. 선거가 공정하게 치러졌다면 이승만이 이길 수 없었을 것이라는 주장이다.

서 중 석 이 선거가 정말 어떻게 치러진 것인가 하는 문제를 생각할 필요가 있다. 우선 선거 운동 규모에서 자유당과 민주당과 진보당이 얼마만큼 큰 차이가 있었는가는 충분히 짐작할 수 있는 것이고, 야당이 선거 운동에서 엄청난 방해를 받은 것도 누구나 인정할 수 있는 사항이다. 그와 더불어 투·개표, 그중에서도 특히 개표 문제를 살펴볼 필요가 있다. 그러니까 적어도 투표한 것을 개표에서 제대로 반영하기만 했어도 그런 선거 결과가 나왔겠는가 하는 문제다.

이 선거는 개표 부정이 굉장히 심했던 선거로 알려져 있다. 그에 관한 구체적인 사례가 많이 나온 건 아니지만, 진보당은 참관인을 거의 내지 못했고 극히 일부 들어간 경우도 쫓겨났다는 점을 생각해야 한다. 민주당 참관인들은 조봉암 표를 지켜주지 않았다. 그러면서 조봉암 표가 이승만 표로 바뀌었다는 이야기가 여기저기서 나왔다. 예컨대 부산 영도구의 자유당 위원장이던 이영언이라는 사람이 한 말이 있다. 조봉암 표가 너무 많이 나와서, 조봉암 표를 중간에 넣고 그 아래위에 이승만 표를 하나씩 넣는 방식으로 100매 단위의 묶음을 만들어 이승만 표로 처리했다고 한다. 이걸 샌드위치 표라고 부른다.

이런 방식이 많았을 것이라고 보고 있다. 그런 식으로 부정 개표가 엄청나게 이뤄졌을 것이라고 추측하고 있는데, 그것을 사실

유권자들이 신문사 속보판 앞에 몰려들어
개표 현황을 지켜보고 있다. 1956년 대선은
개표 부정이 굉장히 심했던 선거로 알려져 있다.
사진 출처: e영상역사관

열한 번째 마당

로 인정할 수 있게 해주는 몇 가지를 볼 수 있다.

조봉암의 확신 "투표에 이기고 개표에 지고" 최인규의 고백 "발표와 실제 내용은 굉장한 차이"

— 어떤 것들이 있나.

1957년에 나온 책 《내가 걸어온 길, 내가 걸어갈 길》에 조봉암이 쓴 글을 보면 표제가 "투표에 이기고 개표에 지고"로 돼 있다. 글도 그렇게 썼지만 제목 자체가 "투표에 이기고 개표에 지고", 이 것이다. '내가 투표에서 이겼는데 개표에서 졌다'는 것이다. 그 무서운 이승만 정권 때 아닌가. 대단한 확신이 서지 않았으면 이렇게 얘기할 수가 없는 것이다.

홍진기 전기에도 이 문제에 관해 쓴 부분이 있다. 홍진기는 이 선거 당시 해무청장이었지만, 조금 있으면 법무부 장관이 돼서 조봉암·진보당 사건을 다루는 핵심 인물로 활동하고 1960년 3·15 부정 선거 직후 내무부 장관이 되는 인물이다. 이 사람 전기를 보면 "남아 있는 여러 개표록을 볼 때 개표 부정이 없었다면 조 후보가 이 후보에게 졌다고 해도 근소한 차이였을 것이라고 일부에서는 생각하였다", 이렇게 돼 있다. 유민 홍진기 전기 간행 위원회에서 펴낸 책에 그렇게 쓰여 있다.

제일 놀랄 만한 것은 3·15 부정 선거 당시 내무부 장관이던 최인규가 5·16쿠데타 후 사형 선고를 받고 옥중에서 쓴 자서전에서 1956년 대선을 다룬 부분이다. 여기서 최인규는 "발표된 것하고 실제 내용은 굉장한 차이가 있다. 이건 전국적인 현상이다", 이렇게 이야기했다. 그런 현상 때문에 최인규는 충무, 진주, 부산, 여수, 목포, 정읍, 김제, 전주, 대구, 김천 등 조봉암 후보 표가 이승만 후보 표보다 처음에 훨씬 많이 나온 선거구의 군수, 서장들을 불러서 그 원인을 알아보고 싶었다고 썼다. 한마디로, 발표된 내용하고 실제 투표 결과에 차이가 나는 건 전국이 대동소이하다는 것이다. 그러고 나서 최인규는 전국적인 투표 결과에서 압도적으로 조봉암 후보가 우세할 경우 당선을 선포하도록 묵인할 수 있었겠느냐고 반문했다.●

물론 최인규가 이렇게 이야기한 데에는 바로 조봉암 같은 사람을 막기 위해 3·15 부정 선거를 저지른 것이라고 변명하려는 의도가 분명히 있었다. 4월혁명 후 3·15 부정 선거 관련자로 얼마나 많은 자유당 간부하고 장차관, 경찰국장들이 구속됐나. 그런데 그 중에서 최인규 한 사람만 부정 선거 지시를 분명하게 인정했다. 그걸 보면 최인규는 나름대로 확신이나 솔직한 게 있었고, 최인규가 거짓말을 했더라도 일정한 범위 내에서 했을 것이라고 볼 수 있다. 그렇게 본다면 이 선거에서 개표 부정이 굉장히 심했고 그 결과는 그렇게 간단히 얘기하기가 쉽지 않을 것이라고 볼 수도 있다.

● 옥중 자서전에서 최인규는 예컨대 강원도에서 이승만과 이기붕이 각각 90퍼센트 이상 득표한 것으로 발표됐지만 실제로는 그렇지 않았다고 지적했다. 유권자의 대부분을 차지하던 군인들의 70퍼센트 이상이 조봉암에게 투표했다는 것이다. 최인규는 이처럼 1956년 상황을 돌아본 후 "(1956년) 5·15선거를 충분히 알지 못하고는 (1960년) 3·15선거를 이해할 수 없다"고 밝혔다.

조봉암은 바람을 일으키고
이승만은 죽을 쑨 이유

── 1956년 대선에서 조봉암 쪽은 제대로 선거 운동을 하기가 어려웠다. 막판에는 후보 본인이 공개석상에 모습을 드러낼 수조차 없는 상황에 내몰렸다. 그런데 어떻게 그런 결과가 나온 것인가.

한마디로 이승만 후보, 이기붕 후보가 정말 인기가 없었다는 건데 우선 이 선거가 전시 체제가 아니라 긴장이 완화된 분위기에서 치러졌다는 점이 굉장히 중요하다. 1952년 선거는 전시에 치러진 선거였고 1954년 5·20선거는 전시의 연장선상에 있었다고 볼 수 있다. 그 당시 글에도 그렇게 나온다. 그런데 1956년에는 아무리 이승만 정권 쪽에서 전시 분위기와 긴장을 고조하려 해도 거기엔 한계가 있었다. 그 당시 신문 보도 같은 걸 보면, '분위기가 달라지고 있다'고 하면서 긴장이 완화된 분위기가 있다는 걸 시사하는 기사들이 나온다. 그러면서 '유권자들이 입을 다물고 있다', 이렇게 나온다. 누구를 찍을지 말을 안 한다는 것이었다. 이처럼 전시 체제에서는 할 수 없던 행동을 유권자들이 할 수 있는 분위기가 조성되고 있었다. 이 점이 중요하다.

그리고 이때쯤 되면 초등학교 교육을 받은 사람들의 수가 상당히 늘어난다. 초등학교 의무 교육이 실시되면서 1950년대 중반쯤 되면 초등학교 취학률이 90퍼센트에 육박하게 된다. 물론 유권자의 상당수는 여전히 문맹자였지만, 이 시기에 교육이 크게 확대되고 있었다는 점은 분명하게 지적할 수 있다.

누군가에 의해 훼손된 조봉암 선거 벽보. 1956년 대선에서 조봉암 쪽은 제대로 선거 운동을 하기가 어려웠다. 막판에는 후보 본인이 공개석상에 모습을 드러낼 수조차 없는 상황에 내몰렸다.
사진 출처: 국가기록원

　　도시화가 급속히 진전되면서 서울이나 부산 인구가 대거 늘어난 점도 생각할 필요가 있다. 이때 도시화는 일부 학자들이 주장하는 것과 같이 산업화 없는 도시화였다. 다시 말해 취직할 수 있는 곳 또는 일자리가 별로 없는 도시화였다. 엄청난 빈민, 판자촌이 존재했다. 또한 생활이 그 정도 수준은 아니라고 하더라도 도시민들은 전반적으로 불만이 많은 상황이었다. 어쨌건 이렇게 농촌에서 대거 도시로 왔고, 그런 사람들 중 상당수가 신문도 보고 많은 이야기를 들으면서 깨인 사람들이 됐다고 볼 수 있다. 이런 사람들이 이승만 정권에 부정적인 태도를 취한 것이다. 이러한 것들이 전반적인 배경을 이룬다고 볼 수 있다.

　　그와 더불어 조봉암도, 신익희도 인기가 참 좋았다. 조봉암은 특히 경상도에서 인기가 좋았던 것으로 얘기되고 있다. 신익희는 서울, 경기도에서 인기가 아주 좋았다. 이런 개인 인기들이 선거에서도 작용했다. 그뿐 아니라 조봉암이 선거 구호와 정책으로 내건 평화 통일, 피해 대중을 위한 정치 같은 주장이 호소력 있었다.

이런 것들이 복합적으로 작용했지만, 그보다 더 큰 요인은 이승만과 자유당에 대한 강한 반감이었다. 이건 서울 같은 데서는 한국전쟁이 일어날 때부터 많이 나타난 현상이라고 볼 수 있다. 도강파, 잔류파 문제 같은 게 있지 않았나. 그다음에 이승만의 기만적인 우민 정책도 커다란 반발을 불렀다. 1952년 선거와 1956년 선거의 민의 동원이 가장 대표적이지 않나. 그야말로 상식적으로 있을 수 없는 짓을 했다고 할 수 있는데, 이게 도시 사람들한테 역효과를 낸 것 아닌가. "각하 시원하시겠습니다", 사사오입과 함께 우의마의가 그렇게 인기를 끌며 1950년대를 풍미한 것은 바로 이승만의 우민관, 우민 정책에 대한 강한 반발 아니겠나.

무엇보다도 농민은 농민대로 죽겠고 도시민은 도시민대로 실업이라든가 생활고로 죽겠다는 상태, 즉 "못살겠다 갈아보자"가 얘기해주는 그런 것이 컸다. 이와 더불어 자유당 정권의 횡포, 부정부패가 너무 심한 것에 대한 반발이 작용했다고 봐야 한다.

국민 경고 무시하고 문제의 인물들 중용
참다못한 국회의원들, 사상 초유의 의원 데모

—— 1956년 대선 결과는 이승만 정권에 대한 국민들의 준엄한 경고라고 볼 수 있다. 대선 후 이승만 대통령은 어떤 모습을 보였나.

조봉암과 이승만

이 선거가 끝나자마자 이 대통령은 '정말 그럴 수가 있는가' 싶은 정책을 또 편다. 선거가 끝난 지 불과 6일밖에 안된 1956년 5월 21일 내무부 장관을 이익흥으로 갈아 치웠다. 5·15선거를 주무한 내무부 장관에 대해 불만이 많았다고도 볼 수 있다. 새로 내무부 장관이 된 이익흥은 아첨으로도 유명했지만 무엇보다도 일제 때 박천 서장을 지낸 사람이다. 해방 후 친일파가 장관이 된 경우가 많고 내무부 장관이 된 사람도 여러 명 있지만, 일제 때 경찰서장을 한 자를 내무부 장관에 임명한 건 이게 처음이다. 그런 면에서 이건 너무하지 않느냐는 이야기를 들었다. 그런데 며칠 후에는 경찰 총수인 치안국장에 김종원을 앉혔다. 이것도 사람들을 놀라 자빠지게 한 인사였다. 김종원은 여러 민간인 학살과도 관련이 있었고 거창 학살을 은폐하려 하다가 구속되는 등 숱한 문제를 일으킨 인물 아닌가. 그런데도 그렇게 했다. 어떻게 저런 자를 그런 자리에 앉히느냐는 생각을 사람들이 하게끔 했다.

이런 인사는 이 대통령의 의도가 명확하게 반영된 것이라고 이야기할 수 있다. 선거 열흘 후 기자들이 선거 결과에 대해 물었을 때 이승만 대통령은 이렇게 답한 것으로 신문에 발표됐다. "이번 선거 결과로 보아 친일하는 사람과 용공주의자들을 지지하는 사람이 많은 것 같다." 세상에, 신익희를 찍은 사람을 다 친일하는 사람으로, 조봉암에게 표를 준 사람을 다 용공주의자로 몰고 있는 것 아닌가. 아무리 속상하고 분노가 끓어오른다고 하더라도 국민들에 대해 이렇게까지 이야기할 수 있는 건가.

── 이승만 대통령이 이익흥, 김종원 같은 사람을 요직에 전진 배
　　치한 후 어떤 일이 벌어지나.

야당 국회의원들의 시위 장면. 당시 내무부 장관 이익흥과 치안국장 김종원이 경찰을 진두지휘
해 국회의원들을 저지했다. 사진 출처: e영상역사관

대선 직후의 이런 분위기는 그 후 첫 번째로 실시된 선거에서
바로 나타난다. 1956년 8월 8일 시읍면의원 선거와 시읍면장 선거
가 실시되고, 8월 13일에는 서울시 및 도의회 의원 선거가 치러진
다. 그런데 지방 자치 선거일이 결정되자 야당계 입후보 예정자에
대해 검거 선풍이 막 불었다. 대개 갖가지 죄목의 경범죄로 구류 처
분을 받게끔 한 것이다. 그런 사례가 아주 많았다고 신문에 보도됐
다. 등록 마감일이 가까워지니까 사복 경찰이 출마 예상자 집을 찾
아다녔다. 그러면서 각지에서 등록 서류를 강탈당하는 일이 벌어졌
다. 경남, 부산 같은 데서는 등록하기가 굉장히 힘들어졌다. 실제로
그곳에서는 등록한 사람이 얼마 안 된다.

아예 등록조차 못하게 할 정도로 심하게 탄압하니까, 7월 27일
국회의원들이 사상 초유의 의원 데모를 벌였다. 시쳇말로 '떡대'라

조봉암과 이승만

고 할 수 있는 김두한, 이철승 같은 사람들을 맨 앞에 세워 시위를 벌였는데, 62명이나 나왔다. 야당 쪽에서 다 나서다시피 한 것이다. 그러자 내무부 장관 이익흥과 치안국장 김종원이 경찰을 진두지휘해 "이놈 잡아라. 저놈 잡아라" 소리 질러 가면서 국회의원들을 저지했다. 그러면서 국회의원들과 경찰 사이에 난투극이 벌어지고 의원들이 폭행당하는 사태가 벌어졌다.°

이런 과정을 거쳐 치러진 8·8선거에 대해 한 신문은 "생각될 수 있는 온갖 방법이 천하의 이목을 조금도 꺼려함이 없이 공공연히 대담하게 자행됐다", 이렇게 썼다. 예컨대 대구시의 한 어머니는 혼자서 4장을 찍었고 이 사람의 둘째 아들은 7장, 셋째 아들은 8장을 찍었다고 보도됐다.

환표 사건과 장면 부통령 저격 사건에 담긴 이승만 정권의 민낯

— 8·8선거와 8·13선거 결과는 어떠했나.

8·8선거에서도, 8·13선거에서도 압도적으로 자유당 후보가 당선됐다. 그런데 이것보다 더 놀라운 현상이 서울에서 일어났다. 47명의 시의원 당선자 중 민주당이 40명을 차지했고 자유당은 1명밖에 안 됐다. 전국에서 다른 데는 다 자유당이 휩쓸었는데 서울에서

° 이때 서울시경국장이던 박병배는 1976년 7월 13일 자 동아일보에 이 사건을 돌아보는 글을 실었다. 이 글에서 박병배는 당시 상황을 "현직 내무 장관과 치안국장이 국회의원을 길거리에서 광견狂犬 잡듯이 하였"다고 표현했다.

만은 자유당이 참패한 놀라운 결과가 나왔다.

8·13선거에서는 투표함 바꿔치기가 전남 함평군, 전북 정읍군에서 사실로 입증됐다. 투표함을 이송하는 도중 형사들이 투표함을 바꿔버린 것이다. 그런 방식으로 환표換票를 한 것들이 동아일보에 크게 보도됐다. 이게 유명한 환표 사건이다.

이 당시 서울시는 까딱 잘못했다가는 우남시가 될 뻔했다. 우남은 이 대통령의 호인데, 1955~1957년에는 이승만 우상화 운동 비슷한 것이 일어났다. 그 당시 책자 같은 걸 보면 이 대통령을 '민족의 태양', '세기의 위인', '반공의 위대한 지도자', '20세기의 위대한 지도자' 등 여러 가지로 찬양하는 글들이 나온다. 그런 속에서 남한산성에 이승만 대통령 송수탑頌壽塔을, 남산에는 우남정을 세운다. 우남정, 이건 나중에 팔각정이 된다. 또 광화문에는 우남회관을 짓기로 했는데, 이게 나중에 서울시 시민회관을 거쳐 세종문화회관이 된다. 이런 상황에서 이 대통령은 '서울이라는 이름은 발음하기가 나쁘다. 외국인들이 발음하기 힘들어하니 서울이라는 이름을 바꾸자', 이런 이야기를 한다. 그러자 자유당에서 '그럼 우남시로 하는 게 어떻겠느냐'는 주장을 많이 했다. 그렇지만 우남회관을 짓는 것도 지지부진했고 우남시로 이름을 바꾸는 것도 힘들었다. 그렇게 된 데에는 서울시 의원 선거에서 민주당 후보들이 압도적으로 많이 당선된 것도 한 요인이었다.

── 그와 같은 분위기에서 자유당 후보를 꺾고 부통령이 된 장면도 가시밭길을 걸을 수밖에 없지 않았나.

선거가 끝나자 그해 9월 28일 민주당 전당 대회에서 장면 부통령 저격 사건이라는 게 또 일어나서 사람들을 깜짝 놀라게 했다. 그에 앞서 8월 15일 대통령, 부통령 취임식을 하는데 이때 장면 부통령이 취임사를 읽을 수도 없었을 뿐만 아니라 자신이 앉을 의자조차 제대로 갖춰져 있지 않았다고 써놓은 것으로 기억한다. 또 이승만 대통령이 행사에 참석한 중요한 사람들을 다 소개했는데 자신은 소개도 안 했다고 한다.

장면 부통령도 그렇게 온유한 사람만은 아니었던 것 같다. 그런 일을 겪은 장 부통령은 취임식 직후 외신 기자를 만나, 취임사로 말하지 못한 것을 말해버렸다. 아울러 성명을 발표해 아주 강도 높게 이승만 정권을 비판했다.

자유당이 가만있을 리가 없었다. 자유당은 장 부통령이 "국가의 기초를 뒤흔들려는 발언을 했다"고 강변하면서 '장면 부통령의 외신 기자 회견 담화에 대한 경고 결의안'이라는 것을 제출했다. 그 원안에는 '장면 부통령한테 국민에 대하여 공적으로 사과하는 동시에 금후 이러한 반국가적 언동을 중지할 것을 경고함', 이렇게 적혀 있었다. 9월 27일, 야당 의원들이 퇴장한 가운데 자유당 의원들만으로 이 결의안을 통과시켰다.

그러고 나서 바로 다음 날인 9월 28일 저격 사건이 벌어졌다. 이 저격 사건에서 장면은 손만 다치고 생명에 지장은 없었다. 나중에 이 사건과 관련해 치안국장 김종원도 배후로 거론되고 내무부 장관 이익흥도 입에 오르고 그랬다. 4월혁명 이후 김종원, 이익흥 다 구속된다. 2심 재판에서 이익흥, 그리고 자유당 거물이자 서울시장도 지낸 임흥순은 무기 징역을 받았고 김종원은 15년형을 받는다. 하지만 5·16 군사 정부에 의해 이들은 전원 석방된다.

평화 통일 꺼내면
목숨 걸어야 했던 때,
조봉암의 경륜과 용기가 그립다

조봉암과 이승만, 열두 번째 마당

김 덕 련 조봉암과 진보당을 상징하는 대표적인 정책이 바로 평화 통일론이다. 해방 후 70년 넘게 지났지만 여전히 분단 상태임을 생각하면, 평화 통일론은 오늘날 한국인들이 풀어야 할 과제와도 직결돼 있다. 이러한 평화 통일론을 찬찬히 짚었으면 한다. 우선 조봉암은 언제 평화 통일론을 명확하게 제시하나.

서 중 석 조봉암이 평화 통일론을 본격적으로 제기한 건 1956년 정부통령 선거 시기다. 이때 단어 자체도 평화라는 말을 써가면서 제시했다. 조봉암은 선거 분위기가 고조되던 그해 5월 1일 발표한 '공약 10장'의 첫째로 "남북한에 걸쳐 조국의 통일을 저지하고 동족상잔의 유혈극의 재발을 꾀하는 극좌, 극우의 불순 세력을 억제하고 진보 세력의 주도권을 장악"해 유엔 보장 하의 평화 통일을 성취하겠다고 제시했다. 북진 통일을 극단적으로 주장한 세력을 극우 불순 세력으로 규정한 것도 관심을 끈다. 이러한 평화 통일론은 대선 후 진보당이 결성될 때 진보당의 핵심 내용이 됐다. 진보당 하면 평화 통일이라는 말이 떠오를 정도로 조봉암, 진보당의 중요한 정치적 모토였다.

　1950년대 상황을 잘 모르는 사람들은 '평화 통일론이 뭐 그렇게 대단하냐. 평화 통일은 당연히 주장해야 하는 것 아닌가', 이런 생각을 하기가 쉽다. 심지어 1980년대 말에서 1990년대 전반기에 활동한 현대사 연구자들 가운데에도 이런 부분에 대한 이해가 돼 있지 않은 연구자가 있었다. 그 시기에 조봉암과 진보당에 대한 연구도 꽤 나왔고 석사 논문도 몇 개 나오고 그랬는데도 그 논문들 역시 상당수가 그랬다. 평화 통일론이 대단한 것 같지 않다고 여긴 그 시기에 진보적 연구자들이 주목한 건 진보당 통일문제연구위원회 위원장이던 김기철이 쓴 '북한 당국의 평화 공세에 대한 진보당의 선언문'이었다. 통일을 위한 선거를 감독할 국제감시위원회 설치 등의 주장이 나오는 글인데, 이름이 '진보당의 선언문'으로 돼 있어 이걸 진보당의 진짜 정책이라고 잘못 알고 쓴 논문도 여러 개 있다. 그러나 그 당시 법원 판결문 같은 걸 쭉 읽어보거나 조봉암, 박기출 같은 사람들이 언급한 걸 보면 그렇지 않다는 걸 알 수 있다. 급진적인 사고를 가진 사람들이 진보당 하면 뭔가 대단한 게 있을 것 같다고 여기고 '이 정도면 대단한 것 아닌가', 이런 생각을 했기 때문에 그런 연구가 나왔던 것이다.*

중요한 점은 평화 통일이라는 말이 1950년대에 얼마나 꺼내기 힘든 말이었는지, 얼마나 무서운 말이었는지를 이해해야 한다는 것이다. 그걸 이해하지 못하면 1950년대 상황을 모르는 것이라고 이야기할 수 있다.

북진 통일만을 강변하던 시대,
평화 통일은 두려운 말이었다

—— 조봉암이 1956년 이전에 쓴 글들에서도 북진 통일론에 비판적인 태도를 읽을 수 있다. 그런데 왜 1956년 대선에 와서야 평화 통일론을 이야기한 것인가.

내가 지금까지 이야기하면서 쭉 지적했지만 조봉암이 1954년

---

* 김기철의 '선언문'은 통일에 관한 진보당의 공식 정책이 아니라 김기철 개인의 방안이었다.

에 발표한 '우리의 당면 과업'이라는 유명한 글에서도, 1952년 8·5 정부통령 선거에서도 평화 통일이라는 말을 얼마나 쓰고 싶었겠나. 그러나 끝내 쓰지 못했다. 심지어 1955년 12월 진보당 발기 취지문과 강령 초안을 발표할 때조차도 평화 통일이라는 말을 못 썼다. 그러다가 1956년 대통령 선거에 들어와서야 이 말을 쓴 것이다. 사실 진보당 창당 이후에도 일부 당직자, 당원들은 '아주 무서운 말인데 그 말 좀 안 썼으면 좋겠다. 우리 당의 통일 정책에서 뺐으면 좋겠다. 불안하다', 이런 반응을 보였다. 그 말 때문에 어떻게 될 것 같다는 이야기였는데 그건 나중에 사실로 입증이 된다.

1956년 정부통령 선거 때 처음에는 조봉암과 같이하던 이들 중 일부가 나중에 의견을 달리해 민주혁신당을 만든다. 서상일을 중심으로 한 당이었는데, 그 강령은 이동화라는 분이 만들었다. 이동화는 당시 대단히 탁월했던, 최고의 사회민주주의 이론가라고 할 수 있는 인물이다. 이 사람이 진보당이건 민주혁신당이건 강령을 기초했다. 정책은 민주혁신당의 경우 신도성 등이 만들었다는 이야기가 있는데 명확하게는 안 나와 있다. 그런데 민주혁신당은 강령이건 정책이건 평화 통일이라는 말을 싹 빼버렸다. 그 이유는 분명하다. 그 말이 무서웠던 것이고, 함부로 사용할 수 없는 말이었기 때문이다.

— 요즘 젊은 세대 중 상당수는 당시 사람들에게 평화 통일이 두렵고 무서운 말로 여겨졌다는 것에 고개를 갸웃할 것 같다. 그 말을 왜 그토록 금기시한 것인가.

1950년대 내내 한국 사람들은 북진 통일 운동에 동원됐다. 내가 국민학교(초등학교) 다닐 때도 "반공, 방일防日, 북진 통일" 이렇게 많이 외치고 다녀야 했다. 그런 북진 통일론을 알아야만 평화 통일이라는 말이 무서운 말이었다는 걸 이해할 수 있다.

이승만 대통령은 이미 1949년에 북진 통일을 강하게 주장했다. 전쟁 와중에도 북진 통일을 해야 한다는 걸 여러 차례 강조하고 학생 등을 동원해 북진 통일 운동을 펴기도 했다. 그러나 북진 통일 운동이 대규모로, 지속적으로 전개되는 건 아이로니컬하게도 1953년 휴전 협정이 체결되기 직전부터다. 일부에서 아무리 거세게 반대하더라도 휴전 협정 체결이 확실시됐던 시점에 그야말로 대대적인 휴전 협정 반대 북진 통일 운동이 벌어지게 된다. 북진 통일 운동은 시기마다 조금씩 다른 형태로 나타난다. 중립국 감시 위원단 축출 운동으로 벌어지는 때도 있고, 1959년에는 2월부터 10월까지 거의 1년 동안 재일 교포 북송 반대를 내걸고 북진 통일, 반공·반일 운동이 벌어진다. 이처럼 북진 통일 운동은 이승만 정권 시기를 대표하는 동원 정책이었다고 이야기할 수 있다.

── 이승만 정권이 대대적으로 북진 통일 운동을 전개한 까닭은
무엇인가.

그런 데에는 월남한 사람들이 당시 사회 각 계층의 중요한 위치에 적잖게 있었는데, 이 사람들 사이의 공감대가 북진 통일 운동 속에서 형성된 면이 있다. 다는 아니더라도 반공적인 월남 인사들은 북진 통일을 해야 한다는 정서가 강했다. 이와 더불어 언론인, 지식인들 사이에서 '북한하고 험악하게 전쟁까지 치렀는데 평화 통일이 가능하겠나. 있을 수 없다. 통일한다면 북진 통일밖에 방법이

1954년 4월 북진 통일 궐기 대회에서 한 남성이 울부짖고 있는 모습. 당시 통일에 대한 분위기를 엿볼 수 있다. 이런 상황에서 조봉암은 평화 통일을 내걸었다. 사진 출처: e영상역사관

없지 않나', 이런 주장도 실제로 나오는 분위기였다.

　이런 것들이 있었지만 그런 것들이 북진 통일 운동에 끼친 영향이 그렇게 크다고 볼 수는 없다. 북진 통일 운동은 이승만 정권의 반공 정책, 그리고 대북 정책이라고 할 수 있는 것과 깊이 관련돼 있다. 1946년부터 단정 운동을 펼친 세력이 통일을 주장할 때는, 논리적으로 볼 때 북진 통일 이외의 다른 통일은 주장하기가 힘들게 돼 있지 않나. 그들로서는 북한과 어떤 타협, 교류, 접촉을 한다는 걸 절대로 용납할 수 없었다. 또 그들은 북한 정권을 소련의 괴뢰로

규정하고, 괴뢰가 북한 땅을 불법 점거하고 있다고 주장했다. 북한 정권을 '절대로 인정할 수도 없고 인정해서도 안 되는 정권'으로 규정한 것이다. 그렇기 때문에 그들에게는 북진 통일을 해서 북한 공산주의 세력을 내쫓는 길 빼놓고는 방법이 있을 수 없었다.

그런데 한국인의 압도적 다수, 즉 90퍼센트가 넘는 이들이 반드시 통일을 해야 한다고 주장하던 시기 아닌가. 통일하자는 주장을 이승만 정권도 하지 않을 수가 없었다. 그렇기 때문에도 북진 통일 운동을 폈다고 얘기할 수 있다.

이승만 정권이 북진 통일 운동을 대대적으로 펼친 속내

── 이승만 정권은 북진 통일 운동을 정치적으로 활용했다. 어떤 효과를 노리고 그렇게 한 것인가.

1954~1955년에 반일 운동이 벌어지는데, 이승만 대통령은 반일 운동의 엄청난 정치적 효과를 잘 알고 있었다. 이승만 정권이 망할 때까지 반일 운동을 계속 펼친 것도 그 때문이다. 그것과 마찬가지로 북진 통일 운동에는 굉장히 중요한 정치적 의미가 여러 가지 있었다.

그중 하나는 북진 통일 운동이 전시 체제 분위기를 만들어내고 긴장을 고조하는 역할을 대단히 효과적으로, 잘 해냈다는 것이다. 그때는 청량리 옆에 있던 성동역이라는 곳에서 춘천 가는 기차가 떠나고 그랬는데, 여기서 북진 통일 궐기 대회가 많이 벌어졌다.

예컨대 수천, 수만 명이 모인 데에서 몇몇 청년들이 막 혈서를 써가면서 '북진 통일을 하자. 우리 이승만 대통령을 중심으로 모두 한마음으로 뭉치자. 위대한 지도자 이승만 대통령을 따라 북진 통일을하자', 이렇게 외쳤다. 당장 전쟁을 해서 북한 공산주의자들을 내쫓자는 주장이었고, 이런 열띤 상태가 지속되면서 전시 체제 분위기가 강렬하게 만들어지는 것이다. 혈서를 쓰고 목청을 높이면 그런분위기가 한껏 고조되지 않나. 그러면 '위대한 지도자' 이승만 그분이 강하게 부각되게 돼 있었다.

그건 두 가지 효과를 동시에 가져온다. 우선 이승만 대통령의권력을 강화했다. 윤천주 교수는 초기에 쓴 논문에서 북진 통일 운동은 이승만 정권에 엄청난 힘을 가져다줬다고 지적했다. 1953년북진 통일 운동이 벌어지면서 국회의원들 상당수가 자유당으로 결집하기 시작한 것 등을 사례로 들면서, 북진 통일 운동이 이 대통령의 권력을 강화하는 데 굉장히 중요한 역할을 했다는 것을 강조했다. 그와 동시에 북진 통일 운동은 극우 반공 체제를 강화하는 데큰 역할을 했다. "반공, 방일, 북진 통일" 및 중립국 감시 위원단에서 '적성국' 철퇴撤退 요구, 재일 교포 북송 반대 같은 것들은 모두극우 반공 체제를 강화하는 데 중요한 역할을 할 수 있었다.

이처럼 북진 통일 운동은 이승만 대통령의 권력을 강화함과동시에 극우 반공 체제를 강화한다는 점에서 대단한 효과가 있었는데, 그것 말고도 아주 중요한 게 또 하나 있었다.

─── 무엇인가.

이전부터 계속 이야기한 것처럼, 전쟁이 끝난 지 얼마 안 됐던

1950년대 중후반만 하더라도 '통일이 빨리 돼야 한다. 통일이 곧 되겠지' 하는 통일 염원이 한국인들 사이에서 어느 때보다도 강했다. 그런데 분단 세력으로선 분단을 고착화해야 하지 않나. 여기에서 북진 통일론은 그야말로 절대적인 역할을 했다. 분단을 고착화하고 분단 체제라고 할 만한 현상을 가져오는 데 아주 중요한 역할을 했다.

다시 말해 전시 체제 분위기가 조성되면서 '북진 통일을 하는 것만이 절대적으로 옳다. 그 길밖에 없다', 이런 논리가 궐기 대회건 행진이건 엄청난 군중 동원을 통해 위력을 발휘할 때 평화 통일이라든가 다른 통일 방법을 어떻게 제기할 수 있겠느냐, 이 말이다. '북진 통일 말고 이런 방법도 있지 않느냐', 그런 이야기를 꺼낼 수가 없었다. 다른 표현을 쓰면, 북진 통일 방법을 제외한 모든 통일 논의를 금지한다고 할까 금압하는 역할을 이 북진 통일론이 해낼 수 있었던 것이다. 북진 통일 운동은 실제로 남북 간의 긴장을 완화·약화시키고 통일 논의를 진전시킬 수 있는 방안들을 철저히 차단하는 강력한 기제機制, mechanism로 작동할 수 있었다. 북진 통일 운동은 열렬한 통일 운동으로 보일 수도 있지만, 실질적으로는 그것을 억압하는 데 굉장한 위력을 발휘했다. 그뿐 아니라 북진 통일 운동의 주된 목적 가운데 하나는 북한에 대한 증오감을 고취하는 것이라고 볼 수 있는데, 이것 또한 분단을 고착화하는 데 크게 기여한다는 점도 주목할 필요가 있다.

장면 정권 때부터 '선건설 후통일' 이야기가 나오고, 박정희 정권 들어서는 1960년대 내내 통일 이야기를 제한했다. 그렇게 한 건 통일 논의가 극우 반공 세력을 혼란에 빠지게 하거나 약화시키고 그와 동시에 진보 세력, 민족주의 세력을 강화하는 면이 있었기 때문이다. 즉 1950년대에는 북진 통일론으로 통일 논의를 막았고 1960

조봉암과 이승만

년대에는 선거설론으로 통일 논의를 막았다고 볼 수 있다. 그만큼 통일에 대한 염원이 컸기 때문에 이런 현상이 나타난 것이라고 설명할 수 있다.

북진 통일과 3차 대전 외친 극우 반공 세력, 그 위험성과 허점을 정면 비판한 평화 통일론

—— 평화 통일론은 당시 사회에서 어떤 효과를 거뒀나.

평화 통일론은 북진 통일론에 직격탄을 퍼부어 잿더미로 만들어버린다고 할까, 아주 무력화하는 놀라운 힘을 갖고 있었다. 조봉암은 이렇게 외쳤다. '무엇 때문에 우리가 동족상잔의 그 참혹함을 다시 겪어야 하나. 전쟁 시기에 얼마나 어려움을 맛봤나. 그런 전쟁이 다시는 없어야 할 것 아닌가. 그런데 왜 또 전쟁을 하자고 하는 건가. 평화적으로 남북 관계를 이끌어가야 할 것 아닌가.' 아, 이보다 더 센 말이 어디 있겠나. 이것보다 가슴에 와 닿을 말이 어디 있겠느냐, 이 말이다. 특히 자식을 군대에 보낸 부모들로서는 '전쟁이 또 일어나면 자식들이 어떻게 되겠는가', 이 생각을 하지 않을 수 없는 것 아닌가. 그러니까 평화 통일이라는 말이 굉장한 위력을 발휘할 수 있었던 것이다.

그뿐 아니라 조봉암은 이런 주장도 했다. '세상에, 북진 통일로 통일을 할 수 있다면 또 모르겠지만 북진 통일로는 실제로 전혀 통일을 할 수 없다. 그런데 지금 이승만 정부는 북진 통일을 주장하고 있다.' 이렇게 또 하나의 엄청나게 중요한 지적을 하면서 허점을 찔

러버렸다. 뭐냐 하면 '우리나라는 지금 총알 한 발, 트럭을 움직일 수 있는 휘발유 한 방울까지 미국에 의존하고 있는데, 미국이 북진 통일을 반대하고 있지 않느냐', 이 얘기였다.

당시 미국 없는 국방이란 상상할 수 없는 상황이었다. 거의 전적으로 의존했다. 그런 미국이 북진 통일을 절대로 못하게 막고 있었다. 그건 한미상호방위조약 1조에도 명시돼 있었다. 북진 통일에 대해 미국은 이렇게 분명한 태도를 취했다. 미국은 또한 이승만을 제어하기 위해 많은 노력을 하지 않았나. 그와 함께 유엔에서도 평화 통일을 주장하고 있었다. 조봉암은 이처럼 전 세계가 평화 통일을 주장하지, 누가 북진 통일을 원하느냐고 지적한 것이다. 그런 점에서 북진 통일은 이승만 대통령이 하고 싶어도 전혀 할 수가 없는, 즉 현실성이 눈곱만큼도 없는 것이고 따라서 통일을 해야 한다면 다른 방식으로 해야 하는 것이라는 주장이었다. 북진 통일론의 또 하나의, 그야말로 핵심적인 허점을 확 드러낸 무서운 지적이었다.

— 1954년 미국을 찾은 이승만 대통령이 소련에 대한 공격을 주장했다는 이야기를 지난번에 했다. 그것에서도 잘 드러나듯이, 북진 통일론은 한반도를 넘어 전 세계를 전쟁터로 만들 3차 세계대전 주장과 이어지는 위험천만한 논리였다. 더 큰 문제는 이것이 이승만 대통령만이 아니라 극우 반공 세력 전반에 퍼진 논리였다는 점이다. 이러한 것들에 대해 조봉암은 어떤 태도를 취하나.

극우 세력은 '3차 세계대전이 일어나야 한다. 그래야 통일이 된다'는 논리를 폈다. 이승만 대통령뿐만 아니라 민국당, 민주당 중

진들도 그런 주장을 했다. 북진 통일은 남북 간의 전쟁만 이야기하는 게 아니었다. 한국전쟁이 일어날 때도 그랬는데, 한반도에서는 북한이 자기 힘만으로 남쪽으로 쳐들어오거나 남한이 남쪽 힘만으로 북한으로 쳐들어갈 수 없는 구조였다. 소련과 중국이 북한의 전쟁을 지지할 때에만 북한은 전쟁을 할 수 있었고, 마찬가지로 미국이 지지하거나 지원할 때에만 북진 통일이 가능한 구조로 돼 있었다. 한국전쟁이 그걸 단적으로 이야기해주는 것이고, 그 후 한국에서 벌어질 어떤 전쟁도 그렇게 될 수밖에 없었다. 그러니까 북진 통일을 하자는 건 '3차 세계대전을 일으키자. 3차 세계대전은 필연적인 것이다', 이런 논리하고 바로 연결된다.

그러나 조봉암은 '3차 세계대전은 일어나지 않을 가능성이 크다'고 주장했다. 이건 조봉암, 진보당의 사회민주주의 이론의 핵심이기도 한데 '핵이 평화적으로 사용될 수는 있지만 현재 국제 정세에서 전쟁 무기로 이걸 사용하는 건 불가능하지 않나', 이런 논리를 폈다. 소련이 1953년 수소탄 실험에 성공한 데 이어 1957년에는 세계 최초의 인공위성인 스푸트니크를 쏘아 올려 우주 궤도에 진입시키지 않나. 또한 이 무렵 ICBM(대륙 간 탄도 미사일)을 미국과 소련이 거의 같은 시기에 개발해냈다. 그런 속에서 핵의 균형이 이뤄졌다고 그 당시 정치학자라든가 핵 과학자들이 많이 이야기했다.

이런 속에서 '핵은 평화적으로 이용돼야 한다. 진보 세력이 이걸 이용할 수 있다'는 상당히 강한 믿음을 그 당시에는 갖고 있었다. 지금 생각해보면 잘못된 생각이었지만 그 시기에는 그랬다. 그

• 1956년 조병옥은 "1960년은 3차 대전의 발발 시점으로 적극 추진"해야 한다고 주장했다. 같은 해 신익희도 "미국이 원자탄을 들고 가서 만주니 시베리아니 모스크바니 할 것 없이 모조리 때려 부수면 우리의 통일은 될 것"이라고 말했다.

러나 '전쟁 무기로는 이 핵이 쓰일 수 없다. 핵전쟁이 일어날 수 없게 돼 있다. 국제 정세를 볼 때 3차 세계 대전은 실제로 불가능하다. 그렇기 때문에도 북진 통일을 주장해서는 안 되고 북진 통일이 될 수도 없는 것이다', 이런 논리를 조봉암은 폈다. 평화 통일론은 이런 점에서도 극우 반공 세력의 또 다른 허점을 드러냈다고 볼 수 있다.

조봉암이 평화 통일 방안을
구체적으로 제시하지 않은 이유

— 세계대전이 일어나야 통일된다고 강변하는 이들 눈에는 평화 통일을 말하는 것이 죽을죄로 비쳤으리라 본다. 그런 살벌한 분위기에서 평화 통일론을 제기한 건 커다란 의의가 있는 일이다. 그렇지만 조봉암과 진보당이 제시한 평화 통일론이 구체적인 실행 방안까지 담고 있던 건 아니었다. 왜 그랬던 것인가. 당시 평화 통일론에 대한 대중의 호응이 어느 정도였는지도 궁금하다.

평화 통일에 대한 호응이 어느 정도였는지는, 당시 그것에 대한 여론 조사를 할 수도 없었고 북진 통일론과 달리 평화 통일론은 민중 동원이 가능한 것이 아니었기 때문에 정확히 알 수는 없다. 그렇지만 생각해보면 평화 통일 주장에 호응하는 사람이 얼마나 많았겠나. 자식을 군대에 안 보냈다고 하더라도 '평화적으로 통일할 수 있다면 그게 최상의 길 아니냐', 이런 생각은 많은 사람이 할 수 있었다. 1956년 정부통령 선거 분석 내용을 보면 '평화 통일 지지가 많았다', 이런 게 그 당시 신문 같은 데 나온다. 평화 통일은 상당한 호응을 받았다고 볼 수 있다.

평화 통일 주장은 막연하지 않았느냐는 논리가 있을 수 있다. 그런데 조봉암은 '지금은 그 이상 이야기할 단계가 아니다', 그걸 명확하게 이야기했다. 다시 말해, 평화 통일을 주장하는 것 그 자체가 중요한 것이라고 이야기한 것인데 그게 뭘 의미하겠나. 우선 평화 통일 방안을 구체적으로 내놓을 수 있는 상황이 아니었다. 앞에서 이야기한 김기철안案도 그래서 당에서 심의하다가 그만둔 것이다. 이건 지금 심의할 단계가 아니라는 것이었다. 평화 통일을 주장하는 것만으로도 굉장히 버거운 주장을 하고 있는 것이고, 극우 세력을 깨는 데 그것처럼 효과적인 게 없다는 주장이었다. 그리고 '지금 바로 통일된다', 이런 생각을 그 시기 정치인들 중 누가 했겠나. 그런 여러 가지가 있기 때문에 당시 조봉암은 평화 통일 방안을 구체적으로 제시할 필요까지는 없다는 걸 명확하게 밝혔다.

— 평화 통일론이 전쟁을 앞세우는 극우 반공 세력의 기반을 뒤흔드는 주장임은 틀림없지만, 미국을 중심으로 한 동아시아 냉전 체제에 정면 도전했다고까지 볼 수 있을까 하는 의문이 든다. 당시 평화 통일론은 반공(극우 반공 세력처럼 극단적인 것과는 거리가 먼)을 밑바탕에 두고 있었고, 그것이 전제처럼 돼 있는 상태에서는 자본주의권과 사회주의권의 진영 대결 논리에서 완전히 벗어나기가 어렵지 않았을까 하는 의문이다. 1955년에 열린 반둥 회의로 상징되는 제3세계 비동맹 운동의 흐름과는 그런 점에서도 결이 다른 지점이 있다는 생각이 든다. 물론 지

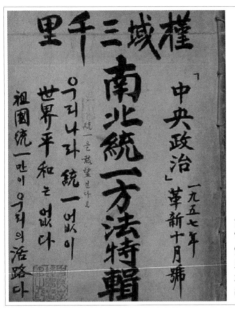

1957년 《중앙정치》 혁신 10월호. '남북 통일 방법 특집'으로 발간되었다. 조봉암은 이 잡지를 통해 진보당에서 주장하는 평화 통일안은 자유당의 비난과 달리 좌경이 아니라고 주장했다.

금보다 훨씬 엄혹한 시기였기에 사상을 표현하는 데 제약이 매우 컸음을 감안해야 하고, 평화 통일을 위한 구체적인 방안이 명확하게 제시되지 않았다는 점에서 이 문제에 대해 딱 잘라 말하기 어려운 면이 있다. 그런 면이 분명 있지만, 의문이 드는 건 사실이다.

냉전 체제에 도전했기 때문에 조봉암이 죽은 것 아니겠나. 사실 냉전 체제에 도전한 정치인이 어떻게 살아남을 수 있었겠나. 조봉암을 역풍逆風의 정치인이라고 불렀다. 역풍에서 풍이라는 게 뭐겠나. 냉전 체제 아니겠나. 냉전 체제를 거슬러 그것에 도전한 사람이다.

역대 한국 정치에서 조봉암의 주장은 대단히 특이했다고 이야

1956년 4월 13일 자 동아일보에 실린 대선 후보 조봉암의 포부. 조봉암은 "나의 입후보 변을 한 마디로 요약한다면 '이 겨레의 삶을 찾기 위해서'라고 명언明言하고 싶다. …… 만약 내가 대통령으로 당선된다면 첫째로 만성적으로 부패된 내정을 개혁하여 민주 역량의 신장을 도모할 것이오, 둘째는 민족의 비원인 남북 통일을 가능케 하기 위하여 거국적 총력을 동원할 것이다"라고 밝혔다.

기할 수 있다. 예컨대 조봉암은 자주성을 여러 선거에서, 그리고 정책에서 주장했다. 민족의 자주성을 견지하는 것을 아주 강조했다. 아울러 조봉암은 1946년 6월 조선공산당에서 이탈할 때부터 극좌, 극우를 외세 추종 세력, 사대주의자로 비판했다. 1956년 대선에서도 그런 주장을 폈다. 이런 모습은 나중에 노무현에 가서야 약간 비슷한 게 나온다. 노무현은 대선 후보 시절 자주성 문제를 그래도 좀 언급하지 않았나.

그와 함께 조봉암은 1956년 대선 때 중요 정책 중 하나로 "집단 안전 보장 체제의 확립에 의하여 국방 문제를 해결"하겠다는 것을 제시했다. 이런 주장은 15년 후에야 다시 나온다. 1971년 대선에서 김대중에 의해 약간 변형된 형태로 나오지 않나. 1950년대에 이런 주장을 한다는 건 그 사람을 굉장히 위험한 처지에 놓이게 할 수 있는 것이었음을 생각할 필요가 있다.

외교 문제에서 조봉암과 진보당은 대체로 반둥 회의(아시아·아프리카 회의)로 상징되는 비동맹 운동을 연상케 하는 호혜 평등에 입각한 선린 정책을 내세웠다. 북진 통일론자와는 다르게 제3세계의 탈식민지 민족 해방 운동과 독립을 지지했다. 모든 강대국이 무엇보다도 약소국에 대해 먼저 식민지적 지배 관계를 청산해야 한다고 요구했다. 또한 인도, 이라크, 이집트가 영국의 지배에서 벗어난 데 이어 프랑스가 인도차이나 3국의 독립을 인정한 것도 만시지탄의 일이긴 하지만 민주 진영 강화를 위해 의의가 있다고 평가했다.

이승만 정부는 이라크 혁명도 문제를 삼았고 이집트의 나세르 혁명에 대해서는 큰 의구심을 가지고 봤다. 이와 달리 진보당은 창당 대회에서 헝가리 민중의 자유 투쟁 지지 결의안, 이집트에 대한 영국과 프랑스의 침략 반대 결의안을 채택했다. 이집트가 수에즈 운하를 국유화하자 영국과 프랑스 군대가 이집트를 침략하지 않았나. 그걸 비판한 것이다. 이것도 당시 수구 반공 세력이 볼 때는 '있을 수 없다'고 할 수 있었다.

● 이라크 혁명은 1958년 이라크에서 군부를 중심으로 왕정을 타도하고 공화제를 수립한 사건을 말한다. 이집트와 영국, 프랑스 문제는 1956년에 발발한 제2차 중동전쟁을 가리킨다. 그해 가말 압델 나세르가 '이집트인을 위한 수에즈 운하'를 주장하며 이를 국유화하자 영국, 프랑스, 이스라엘이 이집트를 공격하며 전쟁이 시작됐다. 군사적으로는 영국, 프랑스, 이스라엘이 이집트를 압도했지만 미국이 영국을 압박하고 소련도 이집트를 편들면서 상황이 바뀌었다. 영국, 프랑스, 이스라엘은 이듬해 점령지를 돌려주고 철군했고 가말 압델 나세르는 아랍의 주요 지도자로 떠올랐다.

조봉암과 이승만

"피해 대중의 당"을 자임한
조봉암과 진보당

— 1956년 대선에서 조봉암은 평화 통일론과 더불어 피해 대중을 위한 정치를 강조했다. 평화 통일론과 피해 대중론은 한국의 구체적 현실에 바탕을 둔 조봉암만의 구상이었다고 볼 수 있다. 그만큼 피해 대중론은 조봉암의 사상에서 중요한 위치를 차지하고 있지만, 그간 충분한 조명을 받지 못한 것 아닌가 하는 생각이 든다. 우선 피해 대중은 누구를 가리키는 것인가. 그리고 조봉암은 왜 진보당을 "피해 대중의 당"으로 규정한 것인가.

조봉암은 1955년 12월 22일에 발표한 진보당 발기 취지문에서 이미 "진정한 혁신은 오로지 피해를 받고 있는 대중 자신의 자각과 단결 위에서만 실현될 수 있다"고 주장했다. 그리고 1956년 대통령 후보로 지명됐을 때 "피압박 대중의 승리가 박두했다. 여기 있는 여러분은 모든 피압박 대중의 대표다", 이렇게 얘기한다. 그런데 이게 나중에 전부 노농 계급투쟁을 역설한 것이라는 식으로 걸려든다.

진보당은 '피압박 민중의 이익을 옹호하는 진보 세력의 전위'라는 기치를 내걸었다. 진보당이 발당식을 했을 때도 피해 대중의 당이라는 걸 명시했다. 이건 공산주의하고 굉장히 다를 뿐만 아니라 다른 사회민주주의 정당들 사례를 봐도 이런 식으로 나와 있는 건 없다. 진보 세력의 정강 등에는 대개 '노동자, 농민, 진보적 소시민 또는 당하고 있는 여러 소수 세력을 옹호한다', 이런 식으로 많이 나오지 않나. 그런데 조봉암은 피해 대중이라는 걸 명시했다.

그러나 피해 대중에 대해 조봉암이 '이건 뭐다', 이렇게 명확하게 얘기한 게 그렇게 많지는 않다. 다만 1957년에 한 글에서 이렇게 이야기했다. "피해 대중이라는 것은 공산 침략군에 의해서 민족의 다수가 생명, 재산의 피해를 입었다는 것과 함께 특권층 때문에", 이건 극우 반공 세력을 가리키는 것일 텐데, "국민 대중이 사실상으로 대중적인 수탈을 당하는 엄연한 현실에 입각해서 그 대중적인 수탈을 당하는 국민 대중이 피해 대중이다."

여러 문건을 가지고 볼 때 피해 대중은 피해 민중 또는 피해 인민people과 같은 뜻으로 사용된 것 아닌가 하는 생각이 든다. 조봉암은 일제 때도 한국인들 사이에서 피해 대중이 무지하게 많았지만 해방 직후부터, 특히 전쟁을 치르면서 대중이 아주 심각하게 피해를 봤다는 주장을 많이 했다. 이런 걸 볼 때 조봉암은 극우 반공 독재 아래에서 억압당하고 빨갱이로 몰리고 수탈당하는 일반 대중을 피해 대중으로 간주한 것으로 보인다.

1954년에 발표한 '우리의 당면 과업'에서도 조봉암은 학살당한 사람들, 국민보도연맹 관계자들을 구체적으로 거론하며 이들을 피해자로 제시했다. 그런 일이 다시는 있어서는 안 된다고 하면서 주민 집단 학살 문제를 거론한 것이다. 그런데 1950년대는 물론이고 1987년 6월항쟁 이전까지는 조봉암을 제외한 다른 주요 야당 지도자들은 주민 집단 학살 문제를 아예 거론조차 하지 않았다. 그렇게 볼 때 조봉암이 정말 목숨을 걸고 그런 이야기를 했다고 이해할 수 있다. 조봉암은 신념과 용기가 있는 드문 정치인이었다.

— 조봉암은 1956년 대선에서 평화 통일론, 피해 대중론과 더불 어 수탈 없는 경제를 내세웠다. 수탈 없는 경제라는 구상은 1956년이라는 특정 시점에만 유효한 건 아니라는 생각이 든

다. 예컨대 1950년대와 2010년대의 한국 경제는 그 상황이 상당히 다르긴 하지만, 2012년 대선 당시 주요 화두였던 경제 민주화도 수탈 없는 경제라는 구상과 이어지는 면이 많아 보인다.

일제 때 항일 독립 운동, 민족 해방 운동을 하던 모든 세력은 '한국인들이 일제한테 수탈당하고 있다. 독점 자본한테 수탈당하고 있다', 이런 말을 썼다. '다시는 수탈이 없는 사회를 만들자. 균등한 경제, 대중의 생활을 안정시키는 경제를 계획성 있게 발전시키자'는 이야기를 조봉암이 강조했는데, 이건 일제 이래 한국의 독립 운동 세력, 진보 세력이 계속 강조했던 것을 다시 한 번 강조한 것이라고 볼 수 있다.

근래 몇 년 동안 갑을 관계 이야기가 계속 나오고 거기서 을은 수탈당한다고 할까, 당하는 사람으로 많이 규정되지 않나. 수탈 없는 경제와 그런 을에 속하는 사람들을 연관해서 생각해볼 수도 있다. 또 비정규직이라든가 많은 여성 노동자들처럼, 똑같은 노동을 하는데도 제대로 대우받지 못하는 이들의 문제도 이 수탈과 관련해 생각해볼 수 있다. 같은 노동을 해도 차별 대우를 받은 건 일제 때부터 아주 심했고 그때부터 지금까지 계속 내려오는 현상이지 않나.

조봉암을 중심으로 한
단핵 원심 정당

— 대선을 치르고 반년이 지난 1956년 11월 진보당이 만들어진다. 진보당의 평당원은 어떤 사람들이었고 주요 지지층은 어디였

나. 그리고 진보당 당원 수를 대개 '수천 명'으로 표현하는데, 구체적으로 어느 정도였다고 봐야 하나. 대중 조직들과 함께할 길이 사실상 막힌 상태에서 '수천 명'이 어떻게 구성됐을지도 궁금하다.

진보당의 당원이 정확히 몇 명이었는지는 알 수가 없다. 명부 같은 건 없다. 그런 자료는 지금까지 발견되지 않았다. 사실 자유당도 어떤 때는 '100만 자유당' 혹은 '200만 자유당'이라고 내세웠고 박정희 집권기 민주공화당도 300만이라고까지 하는 경우도 나온다. 최근의 진보 정당 몇 개를 빼면 진성 당원이라는 게 있는 정당이 과거에 몇 개나 있었겠나. 물론 진성 당원이라는 말 자체도 한국적 현상이긴 하다.

그런 것 때문에 당원이 얼마였는지를 정확히 파악하기 어려운 점도 있지만, 사실 1950년대 후반에는 민주당원 노릇을 하기도 아주 어려웠다는 걸 생각해야 한다. 야당 당원이라고 하면 박해를 굉장히 많이 당했다. 민주당원이라고 하면 관공리 같은 게 되기가 아주 어려웠다. 형식상으로 불가능한 건 아니라고 하더라도 실제로는 되기가 참 어려웠다. 그래서 이름을 밝히지 않고 민주당원으로 활동한 사람도 좀 있었던 것으로 보인다. 더군다나 진보당원이라고 하면 정말 심한 탄압과 박해를 받을 수 있었기 때문에 진보당원이라고 밝히기가 어려웠다. 그렇기 때문에 진보당을 지지한 사람 가운데 직접 당원이 돼서 당비도 내고 활동한 사람이 과연 어느 정도 되느냐, 이건 밝혀내기가 아주 힘들 것이라고 본다.

주요 지지층은 농민, 도시 소시민들이라고 볼 수 있고 노동자들에게는 그 당시 큰 영향력이 없었던 것 같아 보인다. 지역적으로

조봉암과 이승만

는 경상도 주민이 많았다. 그러나 이 경우도 사실 지식인이라든가 도시에 있던 불만 세력 같은 사람들이 진보당, 조봉암을 많이 지지했던 것으로 보인다.

—— 진보당의 주요 간부들을 살펴보면 그 이력이 매우 다양하다. 그처럼 다른 길을 걸어온 사람들이 하나의 당으로 뭉치는 게 가능했을까 하는 생각마저 든다.

진보당에 참여한 사람들은 정말 다양했다. 예컨대 재정위원장 신창균처럼 독립 운동을 하고 해방 후에는 남북 협상에 참여한 사람도 있었고, 총무위원장 장지필처럼 1920년대부터 백정 해방 운동인 형평 운동을 오랫동안 펼친 사회 운동가도 있었다. 장지필 이 양반은 자신이 백정 출신이었다. 부간사장이던 이명하처럼 해방 후 김규식과 함께 좌우 합작 운동을 한 사람도 있었다.

부위원장이던 박기출도 좌우 합작 운동에 참여했는데, 이 사람은 의사 출신이었다. 그런데 박기출과 함께 또 한 명의 부위원장이던 김달호는 일제 때 판사였다. 1940년에 판사를 사임한 후 신사 참배를 안 한다는 이유로 변호사 인가도 못 받았고, 그래서 광산업에 종사했던 사람이다. 조봉암과 제일 가까운 사람은 윤길중이었다. 그래서 간사장이라는 핵심 위치에 있었는데 이 사람은 일제 때 군수였다. '잘해보려 했다', 말하자면 '좋은 군수였다'고 주장하긴 했지만 어쨌건 친일파 관료 출신이었다. 조봉암을 강력하게 떠받치며 함경도 5인방으로 불린 사람들(이명하, 김기철, 전세룡, 안준표, 조규희)도 사실은 다 제각각이었다. 그 5명이 같은 성향을 지닌 사람들이 아니었다. 1951년 대남 간첩단 사건에 걸려든 사람들을 봐도 다양하지 않나.

이 시기에 진보 정당 운동, 혁신계 활동을 하기가 굉장히 어려웠다는 점을 하나 생각해야 한다. 그리고 그걸 이념적으로 통일하기가 아주 어려웠기 때문에, 우선 같이하면서 그 속에서 취합하고 통일해나가는 방식으로 갈 수밖에 없는 면이 있었다는 점도 고려할 필요가 있다.

사실 진보당 간부 중에서 마르크스주의를 잘 알고 있던 사람이 몇 명이나 됐겠는가. 사회민주주의에 대해서도 처음에는 대부분이 잘 몰랐던 것으로 알려져 있다. 서독 사회민주주의자들의 반공산당 노선이 잘 드러나 있는 1951년 프랑크푸르트 선언에 대해서도 이동화, 조봉암을 비롯한 몇 사람은 깊이 알고 있었지만 대부분은 잘 모르고 있었다. 그런 속에서 자유당, 민주당과는 선을 긋는 사람들이 조봉암 쪽으로, 진보당에 모였다고 볼 수 있다.

진보당은 조봉암 중심으로 돼 있었다. 한국 정치사를 보면, 한 개인 중심으로 돼 있던 당은 진보당 말고도 많다. '김대중당', '김영삼당'으로 세간에서 불린 여러 당이 있지 않았나. 진보당의 경우 조봉암 개인의 인기와 정치력에 더해 정치 이념 같은 것들이 중요하게 작용해 조봉암을 중심으로 규합됐다. 다른 이야기로 하면, 예컨대 부위원장이던 김달호와 박기출은 조봉암이 아니었으면 진보당에 올 턱이 없었다고 설명하는 사람도 있다. 이 두 사람은 당에 돈도 많이 낸 것으로 알려져 있다. 이처럼 조봉암의 개성, 포용력, 정치력, 정치 이념 같은 것들이 진보당에서 핵심적인 역할을 했다. 그래서 정태영(이 시기에 진보당원이었고 훗날 진보당에 대한 책을 쓰는 인물)은 진보당이 단핵 원심 정당, 즉 조봉암이라는 하나의 핵을 중심으로 원처럼 돼 있는 정당이었다고 쓰기도 했다. 4월혁명 후 이 세력들이 다 흩어진다. 그런 면에서도 조봉암 때문에 하나가 된 당이라고 설명할 수 있다.

진보당의 핵심은 비밀 조직이었다?
극우의 극심한 탄압에서 비롯한 오해의 산물

— 진보당이 공개 조직만이 아니라 비밀 조직을 운영했다며 이를 주목한 이들도 있었다. 실제로는 어떠했나.

1990년대 초에 일부 진보적 연구자들이 진보당에 여명회, 7인 서클 같은 특이한 서클이 있고 그에 더해 특수 조직, 비밀 당원이 존재한 것에 주목했다. 1980년대에 권대복이 엮은 《진보당》이라는 책이 진보당 연구 초기에 중요한 역할을 했는데, 이 책에 그런 내용이 나온다. 그러면서 일부 진보적 연구자들이 '여명회 등의 서클, 특수 조직, 비밀 당원 같은 건 참 대단한 것 아니냐'고 여기고 주목했다.

이처럼 진보 세력은 이런 조직 등을 눈여겨보면서 진보당에 특별한 의미를 부여하려 했다. 이와 반대로 이승만 정권이나 극우 반공 세력은 바로 이것들 때문에 조봉암과 진보당을 색깔 있는 조직, 색깔 있는 정당으로 몰아세웠다.

그러나 지난번에도 이야기한 것처럼, 알고 보면 이것들은 그렇게 특별한 것, 진보적 연구자들이 굉장하다고 여길 만한 것은 아니었다. 특수 조직이나 특별 당부만 하더라도 '특수 조직이나 특별 당부를 구성할 수 있다'고 진보당의 조직 준칙에 명시돼 있다. 비밀 당원이라는 것이 있었던 것도 극우 세력의 탄압을 피하기 위해서는 그 방법밖에 없었기 때문이다. 당시 상황에서 그렇게 할 수밖에 없었던 것이다.

진보당 조직에 대한 집단적·개별적 파괴, 노출된 간부와 일반 당원에 대한 협박과 테러 및 직장 추방, 사업 방해 같은 파괴 공작이 끊임없이 일어났다. 진보당 사람들에 대한 폭력적 테러도 서슴지 않았다. 자유당만 그런 게 아니었다. 민주당은 진보당에 대한 테러에 침묵을 지켰을 뿐만 아니라, 평화 통일론 등을 문제 삼아 진보당을 강하게 공격했다. 이런 것들 때문에 진보당 사람들은 노출된 당 조직에서 변성명變姓名을 사용해야 했고, 직장과 직업을 은폐해야 했고, 가능하면 당사에 접근하는 걸 피했다.

수사 당국이 비밀 당원이라고 표현한 당원은 바로 비노출 당원을 이야기한 것이다. 이중 조직이라고 수사 당국에서 얘기한 것도 있는데, 그것도 사실은 당원끼리 학습 활동을 한 것을 가지고 그렇게 얘기한 것이다. 진보당의 특수 조직으로 주목받은 여명회와 7인 서클도 다 그런 것들이다. 여명회는 본래 그런 이름의 모임이 있긴 했지만 독서회에 지나지 않았고, 7인 서클의 경우 7명이 모였다고 해서 수사 과정에서 그렇게 이름을 붙인 것이었다. 실제로는 이런 것이었는데도 수사 당국, 이승만 정권이나 진보 세력이 서로 다른 이유에서 이걸 아주 중시했던 것이다.

진보당 사건과 조봉암의 최후

대통령과 겨룬 '죄', 대가는 죽음이었다

조봉암과 이승만, 열세 번째 마당

김 덕 련 조봉암은 1956년 대선에서 바람을 일으키며 이승만 정권은 물론이고 극우 반공 세력 전반의 핵심 경계 대상으로 떠올랐다. 그로부터 2년 후 결국 진보당 사건이 터진다. 대선 후부터 진보당 사건이 일어나기까지 어떤 일이 벌어졌는지 하나하나 짚었으면 한다.

서 중 석 조봉암·진보당 사건을 볼 때 동병상련의 태도를 민주당이 취했어야 하는 것 아니냐고 생각할 수 있다. 이승만 정권의 지독한 탄압을 민주당이 받고 있었으면 그런 탄압을 더 극심하게 받고 있던 진보당에 대해, 그리고 그로 인해 발생한 진보당 사건에서 조봉암과 진보당을 좀 편들고 했어야 하는 것 아니냐는 것이다. 그런데 실제로는 그렇게 하지 않았다. 민주당은 자유당과 함께 진보당 죽이기에 노력했다. 이 점은 이전의 여러 선거를 다루면서도 얘기한 바 있다.

진보당이 창당되면서 지방 당부를 조직하는데 이때 지독한 테러를 당했다. 부산에서 열린 경남도당 결성 대회를 시작으로 경북도당 결성 대회, 서울특별시·경기도당 결성 대회까지 다 아수라장이 되거나 있을 수 없는 사태가 일어나고 그랬다. 전북도당을 결성할 때는 괴한들이 진보당 간부들을 상이용사회로 납치하고, 간부들을 곤봉으로 때리는 등 막 테러를 가하는 일도 일어났다. 전남도당의 경우 그보다 훨씬 잔인한 테러를 당했다.•

• 1956년 7월 권총과 단도로 무장한 괴한들이 진보당 전남도당 추진위원회 조직부장 임춘호의 집에 침입해 임춘호는 물론 임신 중이던 그 부인까지 칼로 찔러 중상을 입혔다. 전남도당의 다른 간부이던 조중한의 집에도 권총과 단도로 무장한 괴한들이 들이닥쳐 조중한을 칼로 찌르고 네 아이에게 칼부림을 했다.

이러한 테러 사건이 연이어 일어나던 때 국회에서 유일한 진보당 의원이던 김달호 의원이 '테러는 있을 수 없는 일'이라고 하면서 평화 통일 문제를 얘기하자 고함과 야유, 욕설 같은 것이 막 나왔다. 민주당의 김준연 의원은 김달호 의원의 발언을 대한민국의 국시를 도끼로 찍으려는 것이라고 규정하고 김달호 의원을 조치해야 한다고 주장했다. 민주당의 조영규 의원은 김달호 의원의 발언이 소련의 세계 정책에 호응하는 것이라고 소리를 치면서, 김달호를 조치해야 한다고 자유당 못지않게 주장했다. 그러면서 연이은 테러 사건에 대해 여야 의원들이 제대로 조사하지 않는 것을 볼 수 있다. 오히려 속으로는 '잘된 것 아니냐', 그런 식의 태도를 보인다. 이런 것은 조봉암·진보당 사건에서도 비슷하게 나타난다.

테러, 여론 재판에 이어 정당 등록 취소…
정부가 발표한 해산 근거는 전부 사실과 달랐다

── 1958년 벽두에 진보당 사건이 일어난다. 이해는 1956년 대선 후 처음으로 총선이 치러지는 해 아니었나.

1958년 5월로 예정된 총선을 앞두고 그해 1월에 진보당 간부들 검거가 시작되면서 진보당 사건이 일어나게 된다. 나는 이 사건을 조봉암·진보당 사건이라고 부르는데, 초기에 언론에 보도된 것을 보면 아주 심각한 여론 재판이었다. 그런 현상이 근래에도 있지 않았나. 수구 냉전 언론을 중심으로 해서 2014년에 통합진보당에 대한 여론 재판 같은 것이 있었는데, 그때는 이런 현상이 아주 심각

경향신문 1958년 6월 14일 자 기사. 이날 검찰은 조봉암과 양명산에게 사형을 구형했다. 조인구 검사는 "진보당의 평화 통일은 북한 괴뢰의 그것과 동일한 것으로 대한민국을 전복하기 위해 남북 총선거를 실시하자는 것임이 판명됐다"고 주장했다.

했다.

　진보당 간부들을 검거하기 전날인 1958년 1월 11일 조인구 검사는 '진보당의 평화 통일론은 북괴의 남침 구호'라고 단정하고, 이를 엄단하겠다고 말했다. 그러자 언론은 '조봉암이 북괴로부터 공작금조로 인삼이 든 상자를 받았는데 그 속에 든 괴뢰의 지령문을 보고 불태워버렸다'느니 '조봉암 집에서 불온 문건을 찾아냈다'느니 '김일성의 지령을 실천하기 위한 7인 위원회를 구성했다'느니 '간첩과 접선해 야합한 사실을 조봉암이 시인했다'느니 하는 등등의 별의별 이야기를 대대적으로 연일 보도했다. '김일성에게 보내는 조

　조봉암과 이승만

渡言제어件事黨步進

六被告에만有罪判決

曹奉岩·梁明山에各各懲役五年
平和統一論不問·十七名엔無罪

동아일보 1958년 7월 3일 자 기사. 검찰은 조봉암에게 사형을 구형했지만, 진보당 사건 1심 재판장이던 유병진 판사는 7월 2일 불법 무기 소지 등에 대해서만 유죄(징역 5년)를 인정했다.

봉암 자필 편지도 조봉암의 집에서 발견됐다'는 보도도 나왔다. 그리고 정태영이 작성한 메모인 '강평서'가 특히 신문에 엄청난 것으로 보도됐다. 여러 언론은 이 강평서가 북한에서 내려보낸 비밀 지령서라고 대서특필하고 '동양통신 정태영 기자는 북괴와 연락 담당관인 것이 확인됐다', 이렇게도 보도했다. 전부 사실과 전혀 다른 주장들이었다.

── 검찰과 다수 언론의 색깔 공세에 이어 이승만 정권이 진보당을 해산하는 일이 벌어진다. 극우 반공 세력이 쥐락펴락하던

살벌한 사회에서 많은 사람이 여러 해 동안 고생해 싹을 틔운 진보당은 그렇게 해서 한순간에 사라진다. 이승만 정권이 진보당을 해산하며 제시한 근거는 무엇인가.

여론 재판을 대대적으로 하고 나서 1958년 2월 25일 오재경 공보실장이 진보당 등록 취소를 발표한다. 그 당시에는 정당 등록을 정부가 취소할 수 있었다. 이게 대단히 심각한 문제였기 때문에 1960년 4월혁명 이후 개정된 헌법에서는 정당 해산 요건을 특별히 엄격하게 했다. 그것을 1987년 6월항쟁 이후 헌법에 다시 못을 박았다. 그런 속에서 헌법재판소가 2014년에 통합진보당 사건에 대한 결정을 내리는 일이 생긴 것이다.

2월 25일 정부가 발표한 등록 취소 이유는 전부 사실과 다른 것들이었다. 첫 번째 이유로 오재경 공보실장은 진보당이 대한민국의 국법과 유엔 결의에 위반되는 통일 방안을 주장했다고 발표했다. 그렇지만 유엔 결의에 배치되는 것은 오히려 북진 통일이고 진보당의 평화 통일은 그야말로 유엔 결의와 합치하는 것이었다. 그리고 공보실장이 진보당의 평화 통일 방안이라고 제시하면서 설명한 것은 진보당의 방안이 아니라 통일문제연구위원회 위원장 김기철 개인의 방안이었다. 김기철 개인의 안을 진보당의 공식 방안으로 뒤집어씌워서 발표한 것이다. 나중에 나오는 판결문에도 그건 진보당의 통일 방안이 아니라 김기철 개인의 안이라고 명시돼 있다.

두 번째 이유로 오재경 공보실장은 '진보당 간부들이 북한 괴뢰 집단이 밀파한 간첩, 밀사, 파괴 공작조와 항상 접선해왔다'고 이야기했다. 그렇지만 한국의 특수 부대인 HID에서 관리한 양이섭

동아일보 1958년 7월 4일 자에 실린 진보당 사건 1심 판결(7월 2일) 당시 사진. 판결문을 낭독하는 판사들(맨 위), 방청석의 피고인 가족들(가운데 왼쪽), 언도를 듣자마자 의자에 엎드린 양명산(가운데 오른쪽), 쓴웃음을 짓는 조인구 검사(아래 왼쪽), 판결 직후 조봉암(아래 오른쪽).

(양명산) 관련 논란을 제외한다면 그런 일은 전혀 없었다. 정부가 제시한 두 번째 이유도 사실과 달랐다. 세 번째 이유로 정부가 주장한 것은 진보당이 공산당 비밀 당원과 공산당 방조자들을 의회 의원에

당선시켜 그들을 통해 대한민국을 파괴하려 기도해왔다는 것이었다. 그러나 이걸 입증할 자료를 어디에서도 찾을 수 없다. 기소장에서도, 판결문에서도 그런 자료는 찾을 수 없다.

정부가 발표한 세 가지 이유는 전부 잘못된 것이었다. 그걸 가지고 진보당 등록을 취소했는데, 그만큼 이러한 진보당 등록 취소는 정치적 결정이었다. 그 당시 알 만한 사람들은 이 점을 잘 알고 있었고, 조선일보건 한국일보건 언론도 조봉암·진보당 사건이 정치적 재판이라는 걸 염두에 두면서 보도하는 걸 볼 수 있다. 이 사건은 이승만 대통령과 직결된 정치적 사건이라고 이해하는 것이 훨씬 빠르다.

"조봉암은 벌써 조치됐어야 할 인물" 주장한 대통령, 1심 판결에 불만 품고 법원에 난입한 괴한들

— 진보당 등록 취소 발표 후 16일이 지난 3월 13일, 진보당 사건의 첫 번째 공판이 열린다. 그해 7월 2일 1심 판결이 나오는데, 그 직후 초유의 법원 난입 사태가 벌어진다. 어쩌다 이런 일까지 일어난 것인가.

1심 재판장이던 유병진 판사는 불법 무기 소지 등에 대해서만 조봉암의 유죄(징역 5년)를 인정하고 나머지 진보당 간부들에게는 무죄를 선고했다. 불법 무기 소지로 유죄를 선고한 부분에 대해선 '그것마저도 유죄로 하지 않으면 안 될 것 같아서 그렇게 했다'는 취지로 훗날 회고한다. 조봉암 사건을 시중 여론과 비슷하게 정

치적 사건으로 판단한 것이다. 그러자 판결 3일 후인 7월 5일 대한
반공청년회라는 단체에 속한 약 300명의 괴한이 법원에 난입하는
사건이 일어났다. 대한반공청년회라는 조직은 한국전쟁 말기 휴전
협정 체결 직전에 원용덕 헌병 총사령관에 의해 석방된 반공 포로
들을 중심으로 한 단체였는데, 이들이 "친공 판사 유병진을 타도
하자", "조봉암을 간첩죄로 처단하라"고 외치며 법원에 난입한 것
이다.

자유당에서는 이 사건을 제대로 조사하지 않았다. 오히려 산
하 단체로 하여금 '친공 판사 규탄 대책 위원회' 같은 걸 결성하게
하면서, 법원 난입 사건에 대한 진상 조사를 거부했다. 민주당도
이상한 태도를 보였다.[•]

김구 암살 사건처럼 이 사건과 관련해 제일 관심을 끈 것은
이승만 대통령이 어떻게 이 사건을 보고 있는가 하는 것이었다.

• 유병진 판사는 1심 판결에서 "조(봉암) 피고인이 간첩이라고 인정할 만한 증거가 없으며
평화 통일론이 국시를 위배하고 괴뢰 집단과 야합, 국가 내란을 기도했다는 공소 사실
을 증좌할 근거가 없다"고 밝혔다. 법원에 난입한 이들 때문에 유 판사를 비롯한 1심 재
판부는 며칠 동안 집을 떠나 피신해야 했다. 나중에 유병진 판사는 가깝게 지내던 변호
사에게 "정치적 사건임을 고려해 무리하게 징역 5년을 선고했는데도 봉변을 당했다"고
말했다고 한다. 한겨레 1992년 1월 31일 자에 따르면, 대한반공청년회는 4월혁명 때 반
대 시위를 벌인 조직이기도 하다.
법원에 난입한 이들은 진보당 사건 판결에 더해 류근일 필화 사건 및 '부역자'들에 대한
판결을 문제 삼아 유 판사를 용공으로 몰아갔다. 류근일 판결은 '무산대중 단결' 등의 표
현을 담은 글을 발표했다가 국가보안법 위반 혐의로 구속된 서울대 정치학과 학생 류근
일(훗날 조선일보 주필)에게 무죄를 선고한 것을 가리킨다. '부역자' 판결은 한국전쟁 당
시 피란을 떠나지 못했다가 부역자로 몰린 많은 시민에게 무죄를 선고한 것을 말한다.
'부역자' 판결에 관한 책에 유 판사는 이렇게 썼다. "적 수중에 떨어진 시민에게 우리는
무엇을 기대할 수 있는가. 총 한 자루 없이 항거하다 죽으라고 할 것인가. 그렇다면 피란
이 최선의 길이었건만 그 기회조차 앗아버리고 거짓말만 하고 먼저 달아난 건 정부 아니
었던가. …… 내가 그 경우에 처했더라면 어떠했을 것인가." 권력층의 심기를 연이어 불
편하게 한 유 판사는 1958년 말 법관 연임 심사에서 탈락해 법복을 벗는다.

1월 12일 진보당 간부들이 체포되기 시작하고 13일에는 조봉암이 자진 출두하는데, 그다음 날인 1월 14일 경무대(오늘날 청와대)에서 보고를 받고 이승만은 "조봉암은 벌써 조치됐어야 할 인물이다", 이렇게 얘기했다. 3월 11일 국무회의에서 이승만 대통령은 법무부 장관 홍진기에게 이 사건이 어떻게 되고 있느냐고 물었다. 홍진기 장관이 "그 후 특무대에서 발견한 유력한 확증(양명산)이 있으니 유죄(임)에 틀림없다"고 보고하자 이 대통령은 "이제 확증이 생겼으니 유죄라면, 전에는 증거 없이 기소한 것처럼 들린다. 외부에 말할 때는 주의하도록 하라", 이렇게 주의를 줬다.

1심 판결이 나오자 이승만 대통령은 '있을 수 없는 일'이라고 생각했던 것 같다. 7월 4일 홍진기 법무부 장관이 중앙청 회의실에서 "1심에 비해 고법, 대법원의 판결이 검찰에 유리하게 될 것이 예상되는 차제에 공연히 판사들을 자극하는 것은 득책得策이 아니라고 생각한다", 이렇게 얘기하는 걸 볼 수 있다.

조봉암 제거 공작 배후는 이승만?
고정훈의 무시무시한 증언, 그리고 대법원의 희한한 판결

── 사안 자체가 정치적 사건이었기에 최고 권력자의 그러한 태도는 판결에 상당한 영향을 끼칠 수밖에 없었을 것으로 보인다. 사법부가 독립성을 충분히 확보하지 못한 시절이기에 더욱 그러하다. 2심 재판은 어떻게 진행됐나.

그 후 2심 재판이 열렸는데 이 2심 재판이 문제가 심각하다고

진보당 사건 구속자들에 대한 판결 장면.
2심에서 조봉암과 양명산에게 사형이 선고됐고,
나머지 간부들도 다 유죄 선고를 받았다.
사진 출처: e영상역사관

진보당 사건 고등법원 판결 장면. 2심 판결 직후 조선일보는 "이 사건은 얼른 믿기 어려울 만큼 의외의 범죄 혐의를 받았고 과연 그 범죄 혐의 자체가 현행법상 범죄로 성립할 수 있느냐는 근본 적 의문이 있다"고 지적했다. 사진 출처: e영상역사관

보고 있다. 2심 재판장을 맡은 김용진은 1951년 1.4후퇴 때 월남한 사람으로, 유명한 사상 검사였던 오제도 검사 등이 주선해서 판사로 복직했다고 한다.

여기서 HID 이중 첩자였던 양명산과 관련해 고정훈이 증언한 내용을 살펴볼 필요가 있다. 고정훈은 특수 기관에 있었던 사람인데, 양명산에 대해 여러 가지 증언과 주장을 했다. 4월혁명 이후에 고정훈은 '이승만이 특무대장 김창룡을 불러서 조봉암은 공산당이니 없애라고 지시했고 그걸 쪽지로도 남겼다', 이렇게까지 얘기했다. 고정훈의 주장에 의하면, 명을 받은 김창룡은 특무대 내정처장이던 김모 대령한테 계획을 세우도록 지시했다고 한다. 김모 대

조봉암과 이승만

령은 경무대 비서관으로 당시 실력자였던 박찬일, 그리고 자유당 강경파였던 장경근과 모의했다고 한다. 그 후 장경근의 동생인 인천 지구 CIC(방첩대) 대장 장모 중령과 인천 지구 HID 대장 김모 대령한테 모종의 계획이 전달됐다고 고정훈은 주장했다. 인천 지구 HID 대장 김모 대령이 두 문관(엄숙진, 정태진)을 불러 지시를 내렸는데 여기서 이중 간첩으로 활용되던 양명산이 발탁됐다는 것이다. 엄숙진이 육군 HID에서 양명산을 데리고 대북 첩보 공작을 계속했다고 고정훈은 주장했다.

어쨌건 그러한 양명산이 1심 재판 때는 공소 사실을 인정했지만, 2심에서는 대부분 부인했다. 조봉암, 진보당과 관련된 모든 사항은 사실이 아니라고 진술했다. 그랬는데도 재판장은 양명산이 2심에서 부인한 건 전혀 인정하지 않고 검찰의 기소 사실을 전부 인정했고, 평화 통일론 자체가 국가보안법 위반이라고 판결했다. 그러면서 공소 사실에도 없던 '혁신 정치 실현', '수탈 없는 경제 체제' 이것들도 유죄의 증거라고 했다. 그렇게 되자, 2심 판결 직후 조선일보는 "이 사건은 얼른 믿기 어려울 만큼 의외의 범죄 혐의를 받았고 과연 그 범죄 혐의 자체가 현행법상 범죄로 성립할 수 있느냐는 근본적 의문이 있다"고 지적했다. 이런 과정을 거쳐 2심에서 조봉암과 양명산에게는 사형이 선고됐고, 나머지 간부들도 다 유죄 선고를 받았다.

─── 2심 판결 후 이승만 정권은 어떤 반응을 보였나.

2심 판결 직후인 10월 28일 국무회의가 열렸는데 여기서 이승만 대통령은 "조봉암 사건 1심 판결은 말도 안 된다. 책임 판사를 처단하려 했으나 여러 가지 점을 생각해서 중지했다", 이런 이야기를 했다. 3권 분립의 헌법을 수호해야 할 대통령이 이렇게 말한 것이다. 홍진기 법무부 장관은 1959년 1월 22일 열린 국무회의에서 '3심 주심 판사인 김갑수 대법관을 포함한 대법관들은 국가보안법에 대한 견해가 우리 측과 같다'고 말했다. 여기서 말하는 국가보안법은 1958년 12월 24일 24파동을 거쳐 통과시킨 그 악명 높은 국가보안법 개정안을 가리킨다. 이어서 홍진기 장관은 '김갑수 대법관에 대해서는 정부에서 그간 특별한 대우를 해왔고 나도 이 대법관을 설득할 자신이 있다', 이렇게 아주 자신 있게 중앙청 회의실에서 이야기했다.

한 달 후인 1959년 2월 27일 대법원에서 김갑수 대법관 주심하에 판결을 내렸는데, 아주 희한한 판결을 했다고 여러 글에서 지적하고 있다. 뭐냐 하면 진보당의 평화 통일론은 위법이 아니라고 하면서도, '그런데 양명산은 간첩 행위를 한 자이고 이자와 접촉한 조봉암은 국가보안법을 위반한 것'이라면서 조봉암과 양명산에 대한 사형 판결을 확정했다.

김대중 구명한 미국,
조봉암에게는 다른 태도 취한 이유

—— 1심 판결 책임 판사를 처단하려 했다는 대통령, 그리고 대법관을 설득할 자신이 있다는 법무부 장관의 발언은 이 재판이 어떤 재판이었는지를 잘 보여준다. 다른 문제를 짚었으면 한다. 미국은 이 사건에 대해 어떤 태도를 취했나. 이와 관련, 1970년

　　　　　　　　　　　　조봉암과 이승만

대와 1980년대에 유력한 야당 정치인이던 김대중이 죽을 고비를 맞았을 때 미국이 보인 모습과 조봉암에 대해 미국이 취한 태도는 달랐다는 생각이 든다.

조봉암·진보당 사건에 대해 미국 정부는 상당한 관심을 보였다. 진보당 사건이 났을 당시 주한 미국 대사관 자료를 보면 '증거가 박약하다'고 쓰여 있다. 그러면서 '진보당의 계획 경제나 평화 통일 등의 강령은 이승만 정부를 오랫동안 괴롭혔다', 이렇게도 써 놨다. 진보당 사건이 난 직후인 1958년 2월 미국 국무부 관리가 쓴 메모랜덤에는 이런 내용이 담겨 있다. "이 체포는 아마도 조봉암의 개인적인 인기와 평화 통일 및 진보당의 사회주의 강령에 대중의 지지가 커지는 것에 대한 두려움을 보여준다. 만약 정부가 평화 통일 주장을 반역적인 것으로 재판에서 선언한다면 그것은 이 문제에 대한 유엔과 미국의 정책을 범죄적으로 만드는 것이고, 유엔 총회에서 한국 문제에 대한 우리의 위치를 훼손할 것이다."

주한 미국 대사관은 이 사건이 정치적 사건이라는 걸 이처럼 명확하게 알고는 있었다. 1심에서 조봉암에게 사형이 구형되자, 미국 국무부는 '조봉암이 사형 선고를 받지 않도록 영향력을 행사하라'는 지시를 주한 미국 대사관에 내렸다. 2심에서 조봉암에게 사형 선고를 내렸을 때는 월터 다울링 주한 미국 대사한테 '한국 정부에 경고하라'는 지시를 내리기도 했다. 그렇지만 그 이상의 어떤 조치도 하지 않았다.

대법원 판결 후 조봉암은 재심을 청구했다. 그러나 상고심을 맡았던 바로 그 재판부가 이를 맡으면서 재심 청구는 1959년 7월 30일 기각됐다. 조봉암 측에서는 재심을 다시 청구하려 했는데, 재심 청구가 기각된 다음 날인 7월 31일 사형이 돌연히 집행된다. 이에 미국 측이 "돌연하고 크게 문제가 될 만한 결정"이라는 정도를 한국 외무부 장관에게 이야기하기는 하지만, 이때는 이미 죽은 후였다.

대법원 판결 직후 조봉암은 "법이 그런 모양이니 별수가 있느냐"고 가족에게 말했다고 한다. 처형될 때 60세였는데 형장에서 이렇게 이야기한 것으로 돼 있다. "나는 이 박사와 싸우다 졌으니 승자로부터 패자가 이렇게 죽음을 당하는 것은 흔히 있을 수 있는 일이다. 다만 내 죽음이 헛되지 않고 이 나라의 민주 발전에 도움이 되기를 바랄 뿐이다." 사형 집행 후 이강학 치안국장은 조봉암 사형 보도를 자제하도록, 즉 하지 못하게 하거나 작게 다루도록 통제했다.

조봉암은 이렇게 세상을 떠났다. 그런데 미국 정부가 김대중의 경우와 비슷하게 조봉암을 정말 살리려는 노력을 했느냐 하면, 그런 정도의 구체적인 활동을 했다고 볼 수 있는 어떤 자료도 나오지 않고 있다.

── 미국이 그런 태도를 취한 이유는 무엇인가.

1960년 4월혁명 시기를 살펴보면 미국 정부는 제1차, 제2차 마산의거가 있고 그러면서 4·19가 나기 전까지는 3·15선거를 인정했고 이승만 정부를 지지했다. 이승만 정부의 반공 정책이라는 걸 굉장히 중시했기 때문이다. 앞에서 이야기한 24파동, 그러니까 1958년 12월 24일 국가보안법과 지방자치법 개정안을 통과시킨 그 유명한 사건에 대해서도 그냥 항의하는 정도였지, '그래선 절대로 안 된다'는 식으로 월터 다울링 대사가 나오지는 않았다. 실질적으로는 다 인정한 셈이다.

마찬가지로 조봉암 사건에 대해서도 미국 측이 몇 마디 하기는 했지만 이승만 정부를 곤란하게 할 정도의 항의를 하는 일은 없었다. 2심, 3심 판결이 난 이후에도 시간이 있었는데 미국은 이승만 정부에 대한 강력한 조치라고 볼 수 있는 어떠한 행위도 하지 않았다. 결국 미국은 '극동 정책의 일환으로 한국에서 이승만의 반공 정책보다 더 중요한 건 없다'고 생각하고 그런 속에서 다른 것, 즉 민주주의 훼손이라든가 조봉암 사건 같은 것은 있을 수 있는 희생이라고 판단했다고 볼 수 있다. 다시 말해 24파동 때 6개월간이나 국회가 공전될 정도로 중요한 사건이 발생했는데도 미국이 그런 모습을 보인 건 이승만 정권에 대한 미국의 태도, 그러니까 '반공만 잘하면 무슨 짓을 하든지 지지하겠다'는 것을 보여준 것이라고 볼 수밖에 없다. 그 점이 조봉암 사건에서도 똑같이 나타난 것이다.

── 한국에 반공 정권이 필요하다는 것이 미국의 선택에서 핵심 요소로 작용했으리라는 건 수긍이 간다. 그렇지만 그 점은 이 승만 정권 때만이 아니라 박정희 정권 시기에도 마찬가지였을 텐데, 조봉암과 김대중에 대한 미국의 태도는 달랐다.

1973년(김대중 납치 사건)의 경우 미국이 어떤 역할을 했는지에 대해서는 이설異說이 있기 때문에 명확하게 이야기하기 힘든 면이 있다. 확실한 것은 미국이 유신 체제를 좋아하지는 않았다는 것이다. 유신 체제에 반감을 갖고 있었는데, 다만 '우리로선 그것을 어떻게 할 방법이 없다'며 손을 놨다. 그렇기 때문에 박정희가 김대중을 죽이려 하면 그건 막아야 한다는 생각은 미국 측이 강하게 갖고 있었다.

그 점에서 일본하고 달랐다. 일본은 유신 체제를 강고히 지지했다. 미국은 그렇지는 않았다. 그러나 박정희 정권이 현실적으로 반공 정책을 잘 펴는 걸 미국이 인정한 면이 있다. 1980년(김대중 사형 선고) 경우는 전두환이 김대중을 정말 죽이려고 했느냐 하는 문제에서 불확실한 면이 있는데, 이때 미국으로선 자기 카드를 더 확실하게 갖고 싶지 않았겠나. 말하자면 한국에 대한 영향력과 관련해 미국으로선 김대중 구명 운동을 하는 것이 더 큰 정치적 역할을하는 데 도움이 될 수 있었던 측면을 생각할 필요가 있다.

52년 만에 누명 벗은 조봉암, 한국 진보 역사에서 특별한 존재

── 억울한 죽음을 맞이해야 했던 조봉암은 그 후 공식적으로 명예를 회복한다. 그러나 그렇게 되기까지 52년이라는 긴 시간이 필요했다. 늦게나마 잘못을 바로잡은 것은 다행이지만, 조봉암을 사지로 몰아간 이들과 이어져 있다고 볼 수 있는 세력의 힘이 여전히 강하고 이승만 대통령을 자유민주주의의 화신인 것처럼 치켜세우는 목소리가 일각에서 끊이지 않는 현실은 여러 가지를 생각하게 만든다.

조봉암 사건이 정치적 사건이라는 것은 2011년에 가서 명확하게 됐다. 당시 이용훈 대법원장이 이 사건에 특별히 신경을 썼다고 보는데, 그해 1월 20일 대법원은 전원 합의 판결로 재심에서 조봉암에게 무죄를 선고했다. 판결문에는 이렇게 돼 있다. "진보당의 강령, 정책은 대한민국의 민주적 기본 질서 및 경제 질서에 위배된다고 할 수 없는데도 원심은", 이건 1950년대 판결을 말하는데, "진보당의 강령, 정책이 자본주의를 폐기하고 사회주의를 지향하고 있다거나 자유민주주의를 폐기하는 것을 주요 내용으로 하고 있는 공소 사실을 유죄로 인정하였던 바 원심 판결은 증거에 의하지 아니하고 사실을 인정함으로써 증거 재판주의를 위배하고 헌법과 국가보안법의 법리를 오해하여 판결에 영향을 미쳤다."

양이섭에 대한 부분도 살펴보자. 양이섭은 상해(상하이)에서 조봉암과 알던 사이였는데, 이 사람과 이어지면서 조봉암이 죽게 된 것 아닌가. "양이섭은 수사권이 없는 육군 특무 부대에 의해 영장 없이 장기간 여관에 감금된 상태에서 집중적으로 조사를 받았고 양명산(양이섭)의 북한 왕래가 육군 첩보 부대의 도움을 얻어 이루어진 것이라는 점, 그리고 양이섭이 원심 법정에서 한 진술과 배치되는 수사 기관 및 제1심 법정에서 한 진술이 신빙성이 있다고 믿기 어려운 점 등을 볼 때 원심이 유죄로 인정한 부분은 증거 재판주의와 자유 심증주의에 위반한 잘못을 저지른 것이다." 이런 점 등을 근거로 대법원은 무죄 판결을 했다.

'주권재경', '주권재깽'으로 얼룩진 이승만 정권

── 진보당 사건이 일어난 이후의 정치 상황을 더 살폈으면 한다.

1958년은 총선이 있던 해였다. 진보당 사건이 이 총선과 무관하다고 볼 수 있을까 하는 의문, 그리고 진보당 사건이 일어나지 않았다면 선거 결과가 어땠을까 하는 궁금증이 든다.

조봉암이 감옥소에 있을 때인 1958년 5·2선거가 치러진다. 이승만 정권 때 치러진 마지막 민의원 선거인데, 진보당 사건이 난 건이 선거 때문이기도 하다고 당시 많은 관측자들이 봤다. 왜냐하면 진보당이 이 선거에 나서면 상당수 의석을 확보했을 것 아닌가. 쉽게 이야기할 수 있는 사안은 아니지만, 당시 어떤 언론은 '진보당이 나섰다면 30석은 차지했을 것'이라고 써놓기도 했다.

5·2선거는 이승만 정권이 개헌선을 확보하기 위해 굉장히 혼탁하게 치른 선거였다. 1954년 선거도 부정 선거, 경찰 선거였지만 1958년에는 선거 부정이 그보다 더 심했는데 특히 개표 부정이 아주 심했다. 1954년 선거와 큰 차이가 있다면 그 개표 부정을 이야기할 수 있다.

── 구체적으로 어떠했나.

5·2 민의원 선거에는 도지사, 군수, 면장, 이장, 학교장, 교사 등 여당이 동원할 수 있는 공직자를 대거 동원해 선거에 투입했다. 대전시장이 민주당 선거 위원을 여당 선거 위원으로 착각해서 "지금 무더기 표 준비도 잘돼 있다", 이렇게 말하는 진풍경이 신문에 보도되기도 했다. 그만큼 이 선거에서 투·개표가 엉터리였다는 걸 말해준다. 전국 각처에서 폭력배가 동원됐고 관권과 폭력이 노골적으로 결탁했다. 그러면서 야당 참관인이 자주 구타를 당했고 산림

동아일보 1958년 5월 3일 자 기사. "폭력이 난무한 피의 투표일"이라는 제목 아래 각종 투표 부정 양태를 보도했다.

법 위반 같은 혐의로 구속되기 일쑤였다. 지방에 따라서는 3인조, 5인조로 집단 투표를 하기도 했는데, 2년 후에 있게 될 3·15 부정선거의 양상이 이때 많이 나타난다.

한 신문이 5·2선거가 치러진 3일 후에 쓴 사설 제목이 '어찌하늘이 무심하랴', 이랬다. 이 선거에서 하도 테러가 많이 일어나니까 한 야당 의원은 "주권재민이 아니라 주권재경, 주권재깽"이라고 비꼬았다. '경'은 경찰, '깽'은 깡패를 가리킨다. '경찰이 국회의원 제조업을 청부받았다', 이렇게 비난도 하고 그랬다.

이 선거에서는 선거 운동이나 투표에도 큰 문제가 있었지만 개표에서 아주 심각한 부정이 저질러졌다. 1956년 선거에서처럼 개표 도중에 전기를 끄고 부정 계표計票하는 올빼미 개표, 여당 표 다발 중간에 야당 표나 무효표를 끼워 넣은 샌드위치 표, 야당 참관인에게 수면제를 넣은 닭죽을 먹게 하고 임의로 개표한 닭죽 개표, 개표 종사자가 야당 표에 인주를 묻혀 무효표로 만드는 빈대 잡기 등 갖가지 방법으로 개표 부정을 저질렀다.

이렇게 개표 과정에서 부정이 심해서 선거 무효 및 당선 무효 소송이 무려 105건이나 있게 됐다. 그래서 대법원 판결에서 당선자 가 바뀐 경우가 3개 선거구, 선거 무효 판결로 재선거를 한 곳이 8 곳이나 있었다. 문제가 있는 대법원이었는데도 그런 결과가 나왔 다. 그 정도로 선거 사범도 많았던 선거다.

개헌선 확보에 실패한 이승만 정권,
결론은 다시 대규모 부정 선거

—— 5·2선거 결과는 어떠했나.

이 선거는 놀라운 결과, 이승만 정권과 자유당으로서는 '이럴 수가 있느냐' 하는 결과를 가져다줬다. 자유당이 126석, 민주당이 79석을 차지했는데 이건 뭘 이야기하느냐 하면 민주당이 개헌을 저지할 의석을 확고히 확보했다는 것이다.[●] 이 점은 1971년 총선하 고 비슷하다. 1971년 총선에서는 야당이 1958년보다도 더 도시를 휩쓸면서 우리나라 역사상 최초로 균형 의회를 갖게 되고 여당이 정상적인 방법으로는 개헌을 꿈도 꿀 수 없게 됐는데, 그래서도 유 신 체제가 나타난다는 이야기를 하게 된다. 어쨌건 5·2선거에서 자 유당은 그렇게도 확보하려 했던 개헌선을 확보하지 못했다.

그와 동시에 진보당도 때려잡고 민주혁신당도 이 선거에 나오

● 나머지 28석은 통일당 1석, 무소속 27석이었다. 자유당에서 개헌을 하려면 원내 의석의 3분의 2를 확보해야 하는데, 민주당은 3분의 1이 넘는 의석을 차지했다.

지 못하게 된 상황에서 치러진 이 선거를 통해 보수 양당제가 확립된 것으로 보고 있다. 물론 그 후 항상 보수 양당제가 있었던 건 아니지만, 보수 양당제가 이때 일반화된 형태로 나타나서 오랫동안 지속된다고 볼 수 있다. 보수 야당이 민주당, 신민당 식으로 이름을 바꿔가면서 야권을 대표하지 않았나.

이 선거에서는 여촌야도與村野都 현상이 나타나는데, 이것도 주로 6월항쟁 이전까지 한국 사회에서 많이 나타나는 현상이다. 16명의 의원을 뽑은 서울에서는 14명이 민주당에서 돼버렸고 자유당은 서대문을 구, 이곳 한 군데에서만 됐다. 이기붕이 거기서 나오려다가 인기가 없으니까 경기도 이천으로 도망을 가고, 문교부 장관을 했던 최규남이 그를 대신해 나왔는데 어쨌든 당선됐다. 부산에서도 10곳 가운데 7군데에서 당선되는 등 대도시는 민주당이 휩쓸었다. 이와 달리 농촌은 자유당이 휩쓸었다. 이런 여촌야도 현상이 나타나는데 이것도 장기간 계속된다.

── 개헌선 확보에 실패하면서 이승만 정권과 자유당으로서는 다른 여러 정치적 수를 고민할 수밖에 없었을 것으로 보인다. 이승만 정권과 자유당에 어떤 선택지가 있었나.

이승만 대통령은 이 선거가 치러졌을 때 만 83세였지만, 절륜한 권력 의지를 가진 분이었다. 그래서 '내가 2년만 더 하고 그만둔다', 이런 생각을 조금도 갖지 않았다. 그렇다면 이 대통령이 85세가 되는 1960년 정부통령 선거를 앞두고 어떻게 해야 할 것인가, 이것이 문제인데 이 선거에서 선택지가 3개 있었다고 이야기할 수 있다.

하나는 내각 책임제로 개헌하는 것이었다. 이건 6월항쟁 직전 민주정의당(민정당)이 개헌하려 했던 방식하고 닮은꼴이다. 뭐냐 하면 5·2선거에서 여촌야도 현상이 나타났는데 이때는 지방, 시골에서 선출되는 의원 숫자가 대도시에 비해 훨씬 많지 않았나. 그것뿐만 아니라 '부정 선거 같은 걸 지방에서 적극적으로 하면 서울을 비롯한 대도시에서 밀린다 하더라도 전체 의석의 50퍼센트 이상을 확보하는 건 아주 쉬운 일 아니냐', 이런 자신감을 자유당이 가질 수 있었다. 민정당이 1986~1987년에 했던 생각과 비슷하다.

그런데 이승만 대통령이 반대할 것 같으니까 자유당에서는 대통령 권력을 대부분 놔두면서 형식으로만 내각 책임제 식으로 바꾸는, 그러니까 '직선제는 안 하는 방식으로 개헌을 추진하면 이 대통령이 따라오지 않겠느냐' 하는 생각으로 개헌을 추진했다. 그러나 이 대통령이 이것도 거부했다. '있을 수 없는 일이다. 내각 책임제 개헌은 용납할 수 없다'는 것을 명백하게 밝힌다. 자유당은 첫 번째 선택지가 가장 쉽고 빠르게, 계속 집권할 수 있는 방법이라고 봤는데 대통령 때문에 안 된 것이다.

두 번째는 러닝메이트제를 실시하는 것이었다. 이건 당시 대통령 후보로 나와 이승만과 제대로 겨룰 만한 사람이 있었느냐 하는 문제와 관련이 있다. 조봉암은 감옥소에 있었고 1959년 7월 31일에는 사형이 집행되지 않나. 재심 청구가 기각된 지 하루 만에 처형이 이뤄졌는데, 사실 사형수를 그런 식으로 죽이는 건 찾아보기 힘든 일 아닌가. 어쨌건 '이 대통령에게 맞설 수 있는 야당 대통령 후보가 마땅치 않지 않느냐. 나오더라도 그건 별것 아니다. 그러니까 러닝메이트제를 지금이라도 도입하면 영구 집권을 할 수 있다', 자유당에서는 그렇게 봤다. 그렇게 볼 수 있는 근거가 충분했다.

러닝메이트제에 대해서는 민주당 구파에서도 호의적이었다. 민주당 구파는 신파하고 워낙 사이가 나빴고, 이재학이 이끌던 자유당 온건파와 죽이 맞았다. 서로 결합해서 한때는 당까지 만들 것이라는 소문도 있었다. 어쨌건 민주당 구파 쪽에서는 '러닝메이트제가 원칙적으로는 옳다', 이렇게 나왔다. 이 대통령도 러닝메이트제에 대해서는 큰 호감을 보였다.

문제는 '러닝메이트제 도입이 선거법 개정으로 되는 게 아니다. 헌법을 개정해야 한다'는 결론을 여러 차례 검토한 끝에 얻게 된 것이다. 자유당은 '헌법을 개정할 때 민주당 구파한테 너무나 큰 선물을 줘야 하는 것 아니냐', 이런 고민을 하게 됐다. 그리고 이승만 정권 출범 후 개헌이라는 걸 몇 번 해봤지만 얼마나 복잡하고 힘든 일이었나.

그래서 마지막 선택지를 택하게 되는 것이다. 그동안 노하우도 많이 쌓였으니까 마지막 선택지로 대규모 부정 선거를 획책하게 되는데, 그게 1960년 3·15 부정 선거로 나타난다.

— 그동안 청년 시절부터 세상을 떠나는 순간까지 조봉암의 삶을 여러 차례에 걸쳐 살폈다. 이를 압축한다면, 조봉암은 어떤 인물이었다고 평가하나.

조봉암은 뛰어난 현실 감각과 대인 관계를 가지고 있었던, 우리나라 진보 세력 가운데 대단히 특별한 존재였다고 이야기할 수 있다. 왜냐하면 진보 세력이 6월항쟁 이후에도 그렇고 4월혁명 시기에도 현실에 적합한 정책, 정강을 제시했느냐고 할 때 그렇게 보기가 어렵지 않나.

또 대단한 용기를 가진 사람이었다. 예컨대 평화 통일만 해도 그 당시에는 용기를 갖지 않으면 얘기하기가 어려웠고, 조봉암만이 강하게 주장할 수 있던 것 아니었겠나. 피해 대중을 위한 정치를 하겠다고 한 것도 그 당시 일반 민중의 고통을 생각할 때 참으로 적절한 지적이지만, 대단한 용기를 필요로 했던 것 아니었나. 그래서 조봉암은 정치적인 곡예를 많이 했고 여러 보수 세력과도 대화하고 관계를 맺었지만, 항상 지킬 것은 지키려 했고 고통받는 민중과 함께하려 했고 민중을 위한 정치를 하려 했던 사람이라고 볼 수 있다. 그러면서 개성을 마음껏 발휘하고 자유를 누릴 수 있는 대한민국을 만들려고 한 사람으로 평가할 수 있다.

나가는 말

1

역사를 살피다 보면 결정적 국면이라는 게 있음을 느끼게 됩니다. 켜켜이 쌓인 역사의 오물에 눌려 숨이 턱턱 막히고 사방이 온통 잿빛일 때 숨통을 탁 틔우며 새로운 가능성의 공간을 활짝 열어주는 시기도 그중 하나입니다. 20세기 한국사에서 그러한 결정적 국면으로 빼놓을 수 없는 것이 바로 4월혁명입니다. 끔찍한 학살과 갖가지 부정으로 얼룩진 이승만 정권의 극우 반공 독재를 무너뜨린 4월혁명은 그 후 군부 독재의 암흑 속에서도 그 빛을 잃지 않고 많은 사람에게 용기를 불어넣었습니다. 칠흑 같은 어둠이 내려앉은 바다에서 길 잃은 이들을 인도하는 희망의 등대처럼.

4월혁명은 제2의 해방으로 불립니다. 해방을 거저 얻은 것이 결코 아니듯, 제2의 해방 또한 아무런 노력 없이 어느 날 갑자기 손에 들어온 것이 전혀 아닙니다. 해방의 밑바탕에는 자유롭고 평등한 독립 국가를 꿈꾸며 35년간 일제와 맞서 싸운 이들의 피눈물이 있었던 것과 마찬가지로, 제2의 해방의 밑거름이 된 건 힘없는 사람들도 사람답게 살 수 있는 민주주의 국가를 만들기 위해 분투한 이들의 노력이었습니다. 그와 같은 도정에 삶을 바친 사람 중 한 명이 바로 조봉암입니다.

《서중석의 현대사 이야기》3·4권은 해방을 거쳐 제2의 해방으로 나아가기 위해 목숨 걸고 분투한 이들의 이야기를 담았습니다. 오늘날 우리가 제한적으로나마 누리는 민주주의를 당연한 것으로 여기며 그냥 넘어가지 말고, 이들의 삶과 노력을 함께 기억하고 되새겼으면 하는 바람입니다. 제2의 해방 이전을 떠올리게 하는, 갑갑하기 그지없는 상태로 되돌리려는 일부 세력의 위험한 도발을 막아내고 누구나 인권을 누릴 수 있는 사회로 나아가기 위해서도 필요한 일입니다.

2

3·4권에 해당하는 인터뷰를 진행하고 연재 및 출간 원고 작업을 하는 동안 개인적으로 진정성 그리고 마음이라는 단어를 자주 떠올렸습니다. 때로는 생명까지 걸어야 했던 그 순간에 그 사람들은 어떤 생각을 하면서 그렇게 움직였을까 하는 물음을 여러 차례 던졌습니다.

예를 들면 이러한 것들입니다. '조봉암은 빨갱이'라는 식으로 아직까지도 강변하는 이들이 일각에 있긴 합니다만, 설익은 이념의 잣대부터 들이대지 말고 다음과 같은 물음들을 함께 생각해봤으면

합니다. 독립 그리고 가진 것 없는 사람들도 인간답게 살 수 있는 사회를 꿈꾸며 유라시아 대륙을 누빈 조봉암을 비롯한 식민지 조선의 청년들은 끝없이 밀려왔을 고난과 유혹의 순간순간 어떤 마음으로 그것과 맞섰을까요? 7년에 걸친 옥살이 끝에 40대에 감옥을 나설 때, 그리고 1945년 해방 소식을 형무소 안에서 들었을 때 조봉암의 머릿속엔 무엇이 떠올랐을까요? 일제는 물러갔지만 친일파는 오히려 날뛰고, 꿈에도 생각하지 않았을 분단이 현실로 다가온 기막힌 상황에서 5·10선거를 앞두고 양심과 대의에 충실하려 한 이들은 어떤 고민을 했을까요? 한국전쟁으로 잿더미가 된 나라에서 북진 통일이라는 허울로 다시 전면전을 부르대는 세력을 보며 사람들은 무엇을 느꼈을까요? 그런 사회에서 평화 통일과 피해 대중을 위한 정치를 실현하려다가 간첩이라는 누명을 쓰고 1959년 7월 31일 처형대에 선 조봉암의 마음은 어떠했을까요?

이와 같은 물음들은 조봉암이라는 특정한 개인의 삶을 넘어 제국주의, 해방, 분단, 전쟁, 독재가 이어진 격변 속에서 분투한 한국인 전반의 역정을 이해하는 데 도움이 될 것이라고 생각합니다. 아울러 한 사회에서 정치라는 것이 어떠해야 하는지를, 정치꾼 또는 정상배와는 차원이 다른 정치인다운 정치인이라면 어떠한 식견과 용기를 갖춰야 하는지를 생각하게 하는 물음들이기도 합니다.

4월혁명에서도 물음은 이어집니다. 1960년 2월 28일 대구를 시작으로 거리에 쏟아져 나온 전국의 고등학생들은 어떤 마음으로 그렇게 했을까요? 말도 안 되는 부정 선거가 자행된 3월 15일, 그리고 4월 11~13일에 거리를 가득 메우고 이승만 정권을 규탄하며 마산 시민들은 무엇을 생각했을까요? "주열이를 살려내라"는 피맺힌 절규에 담긴 어머니들의 마음을 '민족의 태양'이라는 낯간지러운 수식어가 따라붙던 최고 권력자가 제대로 헤아리기는 했을까요? 4·19 그날 떨쳐 일어선 대학생들, 그리고 "민족의 해방"을 이야기하며 거리에 나서 산화한 여중생 진영숙 같은 어린 학생들은 왜 그런 선택을 했을까요? 제자들의 의로운 죽음을 헛되이 하지 않으려 4월 25일 거리에 선 교수들, 그리고 "선생님, 비겁합니다"라고 따져 묻던 학생들에게 부끄러운 스승이 되지 않고자 4월혁명 직후 교원 노조를 결성하며 '이승만 정권 때처럼 살지는 않겠다'고 다짐한 교사들의 진정성을 과연 당시 위정자들은 이해할 수 있었을까요? 부정부패한 사회의 밑바닥에서 하루하루 견디다 참다못해 들고일어나 4월혁명 과정에서 앞장서 싸운 도시 하층민들의 신산한 삶은 이젠 그냥 잊혀도 상관없는 것일까요?

　이러한 사람들의 마음을 한 번이라도 생각해본다면 '이승만의 건국 정신과 4월혁명 정신은 같다'는 등의 궤변을 늘어놓는 것이 얼마나 부끄러운 일인지 알 수 있을 것입니다. 민주주의의 기본을 요구하는 국민들에게 발포해 수백 명의 목숨을 앗아가고 그보다 훨씬 많은 사람을 부상자로 만든 정권, 그리고 국민들의 정당한 요구에 교묘하게 색깔을 덧칠하며 권력을 놓지 않으려 마지막까지 몸부림친 최고 권력자를 비호하겠다는 위험천만한 생각을 도대체 어떻게 할 수 있는 것일까요?

4월혁명은 부정 선거에 대한 항의를 넘어 이승만 정권에 대한 총체적인 평가였습니다. 1960년 4월 26일 민중이 거대한 이승만 동상을 부수고 끌어내린 것에서, 그리고 하야 소식에 덩실덩실 춤을 춘 것에서도 이 점은 상징적으로 드러납니다. 이처럼 명백한 진실을 거짓 선전으로 뒤집으려는 위험한 시도는 한국 사회를 제2의 해방 이전으로 뒷걸음질 치게 만들려는 행위와 다르지 않습니다. 매년 4월 19일을 정부 주도 기념식이 열리는 그저 그런 하루로만 여기는 대신 4월혁명에 삶을 바친 사람들을 제대로 기억하는 것은 그러한 위험한 시도를 막아내는 첫걸음일 것입니다. 그와 더불어, 4월혁명 시기에 부정 선거범보다 부정 축재자들이 더 욕을 먹었다는 사실은 '부정한 부富와 극심한 빈부 격차는 민주주의의 적'이라는 교훈을 떠올리게 합니다. 이는 오늘날 한국 현실과도 맞닿은 문제입니다.

3

어느새 다시 봄입니다. 《서중석의 현대사 이야기》 1·2권으로 독자 여러분께 인사를 드린 때가 지난해 봄인데, 그 사이에 1년이 지났네요. 연재 과정에서 충분히 다루지 못한 부분들을 보강하는 작업 등을 진행하는 과정에서 시간이 참 빠르게 갔습니다. 조만간 5·6권으로 다시 인사를 드리겠습니다. 연재에 관심을 보여준 언론 협동조합 프레시안 박인규 이사장과 연재 정리를 도와준 프레시안 후배 최하얀·서어리 기자, 그리고 작업 공간을 제공해주는 등 물심양면으로 지원해준 인문 기획 집단 문사철의 강응천 주간께 감사 인사를 전합니다.

2016년 3월
김덕련

서중석의 현대사 이야기 ❸

초판 1쇄 펴낸날	2016년 4월 5일
초판 3쇄 펴낸날	2021년 5월 25일
지은이	서중석·김덕련
펴낸이	박재영
편집	이정신·임세현·한의영
마케팅	김민수
디자인	조하늘
제작	제이오
펴낸곳	도서출판 오월의봄
주소	경기도 파주시 회동길 363-15 201호
등록	제406-2010-000111호
전화	070-7704-2131
팩스	0505-300-0518
이메일	maybook05@naver.com
트위터	@oohbom
블로그	blog.naver.com/maybook05
페이스북	facebook.com/maybook05
인스타그램	instagram.com/maybooks_05
ISBN	978-89-97889-93-8 04900
	978-89-97889-56-3 (세트)

만든 사람들

책임편집	박재영
디자인	조하늘